U0365706

INTRODUCING BERTRAND RUSSELL: A GRAPHIC GUIDE by DAVIE ROBINSON AND JUDY GROVES

Copyright: TEXT AND ILLUSTRATIONS COPYRIGHT ©2012 ICON BOOKS LTD.

This edition arranged with THE MARSH AGENCY LTD

Through BIG APPLE AGENCY, INC., LABUAN, MALAYSIA.

2020 SDX JOINT PUBLISHING CO.LTD.

图画通识丛书
A Graphic Guide

罗 素

Bertrand
Russell

戴夫·罗宾逊（David Robinson）/ 文

朱迪·格罗夫斯（Judy Groves）/ 图

徐韬 / 译

图书在版编目（CIP）数据

罗素／（英）戴夫·罗宾逊文；徐韬译；（英）朱迪·格罗夫斯图. 一北京：生活·读书·新知三联书店，2020.1
（图画通识丛书）
ISBN 978 – 7 – 108 – 06708 – 1

Ⅰ.①罗… Ⅱ.①戴… ②徐… ③朱… Ⅲ.①罗素（Russell, Bertrand 1872-1970）－哲学思想－研究 Ⅳ.① B561.54

中国版本图书馆 CIP 数据核字（2019）第 223031 号

责任编辑 黄新萍
装帧设计 张 红
责任校对 张 睿
责任印制 徐 方
出版发行 **生活·讀書·新知** 三联书店
 （北京市东城区美术馆东街 22 号 100010）
网 址 www.sdxjpc.com
图 字 01-2019-1204
经 销 新华书店
印 刷 北京隆昌伟业印刷有限公司
版 次 2020 年 1 月北京第 1 版
 2020 年 1 月北京第 1 次印刷
开 本 787 毫米×1092 毫米 1/32 印张 5.75
字 数 49 千字 图 171 幅
印 数 0,001－8,000 册
定 价 32.00 元
（印装查询：01064002715；邮购查询：01084010542）

目　录

罗素：好战的哲学家

　　每个人都听说过伯特兰·罗素（Bertrand Russell）。他是一位伟大的思想家，一位因其信念而入狱的政治活动家，一个永远改变了西方哲学的人。罗素是一位深刻的怀疑论者，他拒不接受任何理所当然的事物，终其一生抗议不断：反对"一战"毫无意义的屠杀，反对极权统治下的各种恶行，反对最终会摧毁我们所有人的核武器。他的写作主题涵盖范围极广，其作品影响了从古板的学者到乱七八糟的无政府主义者的一大批人。

在每一个文明国家，如果大多数人都念兹在兹，不出二十年，我们就能消灭所有的赤贫、世间差不多半数的疾病、束缚了几乎全部人口的经济奴役；我们就能让世界充满美与欢乐，安得一片祥和。

罗素的成长

1872 年，罗素降生在一个声名显赫、生活优渥的英国贵族家庭。父亲是安伯利子爵（Viscount Amberley），祖父是前首相约翰·罗素勋爵（Lord John Russell）。英格兰当时最著名的哲学家、不可知论者**约翰·斯图亚特·密尔**（John Stuart Mill，1806—1873）是其"教父"。罗素的父母是自由党的激进支持者、妇女投票权的拥护者。对于罗素的生活，他们是影子般的存在，因为在罗素两岁那年，母亲死于白喉，紧接着父亲便死于支气管炎。罗素的童年记忆里主要是祖母罗素夫人，以及她的宅邸——里士满庭园（Richmond Park）的彭布鲁克·洛奇（Pembroke Lodge）——的压抑氛围。

为了让伯蒂（罗素）和兄长弗兰克成为正派的小绅士，具有强烈的宗教感和社会责任感，他们受到了严苛的教育。他们谁都不被允许思考或谈论他们过世的激进父母。罗素夫人还坚持要两个男孩定期接受个人举止方面的训诫，不让他们谈论性与身体官能。弗兰克最终反抗了他的祖母，而伯蒂则假意服从，结果成了一个相当孤僻、不合群又不真实的孩子，俨然祖母眼中特别乖顺的"天使"。

失心之惧

    罗素发现他很难摆脱一种异化感。他常常觉得自己像是一个"幽灵"：和其他人比起来，虚幻又没有实在感。他做过几次噩梦，梦见自己被困在一片玻璃窗的后面，永远地被其他人排斥。他对疯癫感到惧怕。他的叔父威利被关在一处收容所里（因其在救济所的医务室杀害了一名流浪汉），姑妈阿加莎一直没有结婚，精神状态很不稳定。

    罗素的很多朋友和同事发现他特别好玩，很有魅力，但也不可思议地缺乏人性的温暖。他早年在彭布鲁克·洛奇的岁月可能对他与他人沟通的能力产生了消极的影响，这也说明了他为何会有强烈的孤独感。

几何课程

　　罗素在家接受私教，他的那些老师们常常古里古怪、偏离正轨。（其中一位教他在小鸡身上做"印刻"实验，结果，这些小鸡追着他满屋子跑。）弗兰克觉得是给他十一岁的弟弟教一些几何知识的时候了。对于罗素来说，这是他人格形成的一段经历。

一个纯粹而又完美的世界

无疑，罗素的大脑似乎从一开始就独一无二地和数学推理"灵犀相通"。但有一个问题。和所有知识体系一样，欧氏几何开始于一些"公理"，它们是一些你不得不认其为真的陈述（"直线是两点间的最短距离""所有直角都相等"）。务实的弗兰克解释说，你不可能凭空创造出某个知识体系，你必须从某处开始。但罗素对此深表怀疑。

他想要几何学完美无瑕、完全为真。

也许有某种方式可以对几何学的基础予以证明？

数学为罗素提供了一个可以让他逃避现实的世界，一个纯粹而又完美无瑕的世界——早年间，他花了大量的时间试图让这个世界比它现有的样子更加完美、更加真确。于是，一位非常了解他的私人教师告诉他，这世上还有另一类几何学：新近发现的"非欧几何"。

尽管这类几何学基于全然不同的公理集，但它们也运转良好。

宇宙以及构成宇宙的空间不一定是"欧几里得的"。

所以说，也许小罗素对欧氏几何持保留意见本来是对的呢。

追寻理性

后来，罗素开始相信，**理性**（reason）是解决各种问题——不单单是数学问题——的最佳方式。终其一生他都信持这一观点。他很快意识到，虽然他周围的人（特别是其祖母）坚守着各种各样的信念，但他们无法证明其信念的正确性。不久后，罗素便猛烈地怀疑起自己的宗教信仰，还初次体验到了性欲的冲动。

不过，即便逐渐放弃了基督教信仰，罗素仍保持着很强的精神性。他的大部分生活几乎都是精神性的，即追求理解和确定性。有时，他在学术工作中发现了这种追求。有时，他化身完美的人类之友——这位朋友对他知根知底，驱散了不断袭来的孤独感——来探寻这种追求。罗素还是一位惊人的、精力充沛的步行者，热爱野外，偶尔又像一位自然神秘主义者。

终获自由

一到剑桥，罗素便感觉自己获得了智性上的解放。终于，他可以放开去谈任何东西——数学、形而上学、神学、历史——还可以结识很多朋友。很快，他受邀加入了"使徒会"（Apostles）：这是一个高端辩论社团，成员全是青年才俊。在这里，他遇见了未来的另一位伟大的英国哲学家 **G.E. 摩尔**（G. E. Moore，1873—1958）。

我好像恋爱了，我爱上了女权主义学者、"女性话题"活动家艾利斯·皮尔索尔·史密斯（Alys Pearsall Smith）。

011

柏拉图主义的数学观

罗素的数学头脑给每个人留下了深刻的印象。他是数学科"一级合格者的第七名"（Seventh Wrangler），并拿到了"带星号的一等荣誉学位"（starred first），这让他一毕业就成了三一学院的研究员。此时，他对数学的兴趣几乎完全是理论性的，充满了哲学思辨。这种情况不可避免地发生在任何一个开始认真思考数学的人身上。你很快就会发现自己问了一些非常奇怪的问题——这让你成了哲学家。

数学是不是某种神秘地"存在于那儿"的东西，有待我们去发现？

这就是毕达哥拉斯和柏拉图所想的；他俩都相信，数学在某种程度上"以编码的形式"写在宇宙中。

数的实在性

许多哲学家，包括罗素，都认同柏拉图的观点，即数是"实在的"（real）。不过，这种观点引出了一些有关数的奇怪问题。如果数"就在那儿"，那它们是如何在那儿的呢？

数之为实在的，是不是类似于狗、煮锅之为实在的，或者，它们是不是以某种不同的方式实在呢？

数比日常对象"更为实在"。

和罗素一样，其他一些哲学家坚持认为，数拥有一种奇特的"存在"（being），它们并非"实存"（existence），其存在方式跟其他一些实在物的存在方式一样——比如关系："在……左边""比……大"等等。

形式主义的观点

一些通常被叫作"形式主义者"的哲学家和数学家主张，数学完全是人类的一项发明，它只是一种构造，由少量公理推出来的东西所组成。

和象棋一样，数学仅仅是一项有着特定规则和约定的空洞游戏。

就宇宙可能是什么样的而言，数学也许会给出一些非常有用的"模型"，但是，关于真理、实在或宇宙的构造方式，它无所言说。

柏拉图主义者认为，数学家是在揭示真理；而形式主义者认为，数学家是在构造一些有趣的自给自足的模式，这些模式或有一天可以有某种实际的应用。

三种知识

人类可以凭借心智从事数学，用不着去检视世界。我们用不着跑出去数数狗或煮锅就可以推出 2+2=4。

哲学家称之为
先天
知识（a priori knowledge）。

一些哲学家和数学家相信，关于世界，数学可以给出非常真实的新信息。

哲学家称之为
综合
知识（synthetic knowledge）。

其他人坚称，数学仅仅是"同语反复"——它只是自我重复，本质上没有意义。2+2=4 无非就是 1+1+1+1=1+1+1+1。

哲学家称之为
分析
知识（analytic knowledge）。

大多数哲学家和数学家承认数学是"必然的"——无论何时何地，它给出的真理都是恒常不变的。因此，无论你生活在何时何地，2+2 总是等于 4。

这种确定的真理总是吸引着哲学家——也正是这种确定性的魔力让我着迷。

如果我们想要探究宇宙的深层结构，那么，数学可能是我们手头上唯一真正有用的工具，这也许只是因为我们的心智与数学上的思考"相通"。反过来，这又引出更多关于宇宙、关于试图理解宇宙之人类心智的问题。

反对观念论

罗素抵达剑桥之际，**布拉德雷**（F. H. Bradley，1846—1924）的"观念论"哲学正大行其道。观念论主张，若想要理解世界以及它所容纳的一切，你就不得不承认，万事万物互有联系，分离与矛盾仅仅是错觉。观念论哲学家发觉自己最终陷入了一种和谐整体——"绝对"——的神秘幻觉。宇宙和它所容纳的一切只是一样东西。

对于某些观念论哲学家来说，"这样东西"无异于上帝。

布拉德雷的论证常常组织严密，极有说服力。

不过，摩尔和我认为布拉德雷是错的。

摩尔是一位"常识派"怀疑论者，他拒绝接受各种离奇的哲学结论，哪怕它们在论证上没有什么问题。罗素认为，抵达真理的唯一可靠途径是分析而不是综合。在后来的一篇文章 [《我为什么从事哲学》(Why I Took to Philosophy, 1955)] 中，通过描绘两种不同类型的哲学家，罗素解释了这两者之间的差异。布拉德雷这类哲学家相信世界是一个**整体**（whole），就好像一碗果冻；他们还相信，把世界设想为由差异和单个成分构成，这一想法既是误导性的又是错误的。

原子论者**德谟克利特**（Democritus, 公元前 460—前 370 ）

其他哲学家都是"原子论者"，他们认为，构想并理解宇宙的唯一途径便是将万事万物还原为尽可能**小的单元**……

对他们而言，世界更像是"一桶铁弹"（bucket of shot），我也这么看。

摩尔和命题

摩尔的论文《判断何为》（The Nature of Judgement, 1899）有助于埋葬观念论哲学。摩尔认为观念论有一个核心缺陷。观念论者之为观念论者，是因为他们坚持认为，在一个让人产生误解的"表象"（appearance）的世界中，唯有观念是"真实的"。摩尔是"实在论者"。他回应称，关键在于区分**命题**（proposition）和我们对它们的**信念**（belief）。（命题通常是指"提呈"或断言某种东西的语句，例如，"猫是黑的"。）

猫 是 黑 的。

命题有其独立存在的一面，完全有别于我们对它们的信念。比起人类心智中的纯观念，它们意味着更多的东西。

再者，它们是复杂的——若要理解它们，我们就需要对它们进行**分析**，把它们分解成更小的"概念"。

在罗素看来，这种分析会变成一种形而上学活动，也就是说，是一种剖析世界，使其得到理解的间接的方式。

数学基础

$$\sqrt[3]{8} = 2$$

不幸的是，你无法用一个数学系统来证明它本身，因为，这样做，你将陷入**循环论证**：你想要证明的东西恰恰就是你假设的东西，你事先假设了它的正确性。

任何论证都无法自证。罗素这类经验主义哲学家花了大量的时间力图表明，所有的哲学论证和观念都可以追溯到直接经验。但是，在这个世界上，无人"经验"数学——数字不像树或者色块，我们无法经验。

那么，数学以什么为基础呢？

何为数学？

　　罗素曾确信，数学必须是一个完美的系统，由关乎世界的确定性真理构成，并且它拥有一个实在的、"柏拉图式的"实存：数是实在的，并不只是人类的便宜之用。更重要的是，他还确信，存在着一些完全客观的真理，这些真理最终构成了恢宏的数学大厦。

　　他愈发确信，我们将凭借**逻辑**而不是某种缥缈的"直觉"来发现这些基础观念。

罗素第一本讨论数学基础的著作是《数学原理》（*Principles of Mathematics*, 1903），这本伟大的著作展示了数学和逻辑在很多方面是如何相似的。两者都与整体和部分之间的复杂关系有关；理解某物实际上意味着"将其分成诸多的部分"。像**格奥尔格·康托**（Georg Cantor, 1845—1918）这样的伟大数学家向罗素表明了，诸如连续、无穷、时间与空间、物质与运动这类复杂概念可以作为数与数之间的关系得到更好的构想。

突破

罗素开始确信，就其本质而论，数学在某种程度上是基于逻辑的——他以前的老师**怀特海**（A. N. Whitehead, 1861—1947）也持有这一信念。

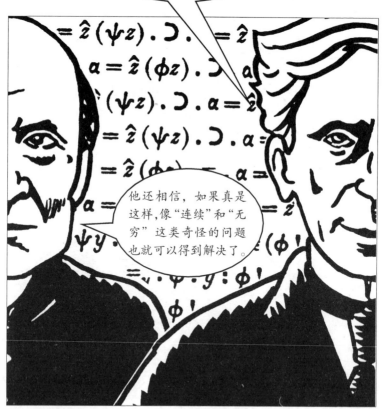

不过，为了继续这趟"逻辑主义"之旅，罗素不得不发明出一整套全新的"符号逻辑"，并通过这一逻辑系统来定义数学概念——他得同时干这两件事情。这可能就是罗素仍是 20 世纪最重要的哲学家之一的原因。

集合逻辑

　　罗素不得不通过逻辑来重新定义数学概念，他不得不表明，数学公理怎么一来就可以得自某个逻辑系统。他很快就发现，如果说，整体与其部分之间的关系并非等同于集合与其元素之间的关系，那两者至少也类似。集合同样是灵活的。犯不着把所有鸭子都构想成某种难以处理的"整体"，"鸭子"集合也能存在。

真正说来，该集合只是一项逻辑结论，蕴含在"鸭子"这一概念里头，而且，它似乎在逻辑上先于"数"这一概念。

因此，如果"集合"这一概念能够用于定义数，那么，所有数学就都可以建立在某种集合理论之上了。

尤里卡时刻

现在，罗素确信他已经解开了数学之谜。

为了证明这一结论，德国哲学家**戈特洛布·弗雷格**（Gottlob Frege，1848—1925）已经做了很多艰苦的、必要的工作。因此，罗素多年间的努力和弗雷格已经做出的工作多有重叠。

数学之为解脱

罗素并未把所有时间都花在从事数学研究上——尽管他后来说，有那么一段时间他确实全身心地在搞数学。他也关注政治问题和社会问题。他曾会见过许多著名的社会主义"费边社成员"（Fabians），例如，西德尼·韦布和贝特丽丝·韦布夫妇（Sidney & Beatrice Webb）、萧伯纳（George Bernard Shaw）以及 H.G. 威尔斯（H. G. Wells）。

"数学世界……是一个真正美妙的世界；它无关生死，无关人类的卑鄙，它是永恒的；就我所知，冰冷平淡的……数学是唯一能够达乎完美的事物。"

罗素的毁灭性悖论

罗素觉得，他证明了数学有着确定且不可动摇的逻辑基础，其基础是通过他的集合理论建立起来的。不过，紧接着令人困惑、令人震惊的事情发生了。很显然，大多数集合并不是其自身的成员——猫之集合本身并不是猫。因此，我们有可能构想某个相当庞大，甚至奇怪的集合：由集合本身不是某类事物之一员的集合（例如，猫的集合）构成的集合。接着，奇怪的事情发生了：这个集合是此类事物的一员吗？我们本来就是在谈论"集合本身不是此类事物之一员的集合"，所以，它若是自己的一员，它就是"集合本身不是此类事物之一员的集合"中的一员，所以它就不是自己的一员；反过来，假定它不是此类事物的一员，又可推知它是自己的一员。

不妨设想一个书目，它是由所有书目构成的书目。那它是不是其自身的一个成员？

——如果"所有书目"构成的书目包含它自身，也就是说，其自身是该集合的一个成员，那它就只是**所有**书目中的**又**一员，因而**不是**所有书目构成的书目。

——或者，以别的方式再试试同样的想法……

——它只是所有其他书目之集合中的又一**集合**……

——如果所有集合构成的这一（或任何）集合**是**自身的一个成员，一如所有书目构成的书目亦**是**书目，那么，它就不应该在这个集合里面，该集合应该留给那些不是其自身成员的集合。

——但是，如果它**不是**其自身的一个成员，就像所有集合构成的集合不能是其自身的一个集合（例如，"一群人"并不是人），那么，它就应该在这个集合里因此是其自身的一个成员。

这就是罗素的要点：任何集合 X（例如，所有书目构成的书目）是其自身的成员，当且仅当它不是其自身的成员。这是自相矛盾的。

表面上看，罗素悖论似乎只是一种言语游戏，和"克里特岛说谎者悖论"并无二致。

克里特岛的哲学家埃庇米尼得斯（Epimenides）说过这么一句有名的话……

"所有克里特人都是说谎者。"

因此，如果他在陈说有关所有克里特人的实情，那他就在撒谎……

但是，如果他在撒谎，他就在陈说实情……

罗素的集合悖论似乎暗示，关于集合这一概念有些东西根本就不牢靠，这使得它不再适合充当所有数学的可靠基础。罗素拼命地想要避开这一悖论（或曰"二律背反"），他动用了一个全新的理论，一个有关不同逻辑"类型"（type）的理论，想以此完全摒弃掉集合理论。

理想幻灭之感

在做出这项发现之后，罗素再也没有感受到同样鼓舞人心的快乐。它削弱了罗素的信念：数学知识可以像他曾经希望的那样获得确定性。

"我想要确定性不亚于人们想要宗教信仰……在构想了一头数学世界可以寄托其上的大象之后，我发现这头大象摇摇欲坠，于是，我又构想了一只乌龟，免得大象跌倒。但是，这只乌龟并不比那头大象更安全，经过大约 20 年艰苦卓绝的辛劳，我终于得出结论：在让数学知识变得无可置疑这件事情上，我已经无能为力。"

后来罗素才知道，弗雷格一直在构思他的不朽著作《算术的基本规律》（*Basic Laws of Arithmetic*，1893—1903），这本书采取了一种非常类似于"逻辑主义"的立场来看待数学真理。1902年，罗素写信给弗雷格，将"集合悖论"告诉他。

我收到了数学哲学史上最为著名的一段回复。

"您关于矛盾的发现让我目瞪口呆，我想说，我犹如被雷劈了一般，因为它动摇了我意欲构筑的算术的基础……这件事我一定再多想想。"

数学原理

　　无论如何，这道难题并未阻止罗素和怀特海开始撰写他们最为有名的著作《数学原理》[*Principia Mathematica*，取名自艾萨克·牛顿爵士的《自然哲学的数学原理》(*Philosophiae Naturalis Principia Mathematica*, 1687)]。罗素的目标是演示整个数学如何被还原为各种逻辑项。这是一项艰巨的任务。据罗素估计，这本书花了他9年的时间写作，平均每天工作10—12个小时。它于1910—1913年陆续出版，两位作者甚至不得不支付一部分出版费用。

为了证明数学有其逻辑基础，罗素不得不构造出一层又一层的理论。同时，他不得不发明一种全新的逻辑，一种不需要集合的逻辑。起初，他把希望寄托在他称之为"替代理论"（substitute theory）的理论上，但后来他意识到，这种理论会产生更多的悖论，带来某种"恶性循环"。

所以，最后我坚持认为，这世界上并没有命题这回事，好像它们以某种奇特的方式"兀自存在"似的。有的只是符号，它们需要存在于某人的心智中，然后需要被判断为真或假。

类型、函式与层级

罗素不得不为其令人担忧的"所有集合的集合"这一悖论找到一个解决方案。为此，他引入了**物事之类型**（types of things）的层级系统，用来限制什么样的言说合乎情理。例如，我可以说"苏格拉底是位著名的哲学家"，但我不能说"一群雅典人是位著名的哲学家"。尽管这一点看上去显而易见，但它限制了或撇开了这类悖论所暗含的话："所有书目构成的书目是书目。"

物事之类型

苏格拉底

X

函式

要通过命题**函式**（functions）——也称作"开语句"（open sentences）——这样一个理论来解决"集合"问题，这一步至关重要。例如，"苏格拉底是智慧的"这句话中的"苏格拉底"可被变元"X"替换，由此产生开语句"X是智慧的"。用某个量化表达式换掉变元"X"，开语句便可变成一个真正的语句……

X

苏格拉底

如此这般的 X 使得 X 是智慧的

（苏格拉底）（苏格拉底）

（某人）是智慧的 } 一个组织得当的语句

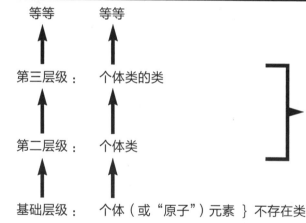

正确的逻辑形式

元素层级

罗素认为，从镜映世界的**正确的逻辑形式**（correct logical form）出发，便可以对世界做出深刻的发现。这一观点引出两个重要的推论：首先，组织不当的语句将被揭示为是无意义的；其次，逻辑上正确的语句一定是放弃了日常表达式的。为了达成这些目标，罗素又在其类型理论中添置了**元素层级**（levels of elements）……

等等　　等等

第三层级：　个体类的类

第二层级：　个体类

基础层级：　个体（或"原子"）元素 } 不存在类

元素从一个层级被带入到下一个层级

这套层级系统是有意设计的：

▶ 1. 它要能表明，"无穷"可还原为它的元素（或元素的类）；

▶ 2. 它要能排除：

（a）"所有类的类"，以及

（b）本身是其类成员的类。

任何与上述规则中的任一规则相矛盾的陈述均是不规范的、没有意义的陈述。

多确定是确定？

发生了什么事？罗素将数学还原为关于集合的陈述，而这些陈述本身消解于命题函式理论，或者说消失于涵盖不同层级的理论中，从而在判断真假之际避免了循环和悖论。但是，这个结果**确定**吗？《数学原理》固然是一套复杂得吓人的逻辑，有赖于一些特别的公理，但这些公理无法被证明，它们也许是错的。

哥德尔不完备定理

　　如前所见，数学通过建立起逻辑上有效的论证来"工作"，其论证源自很少的一些基本公理，而这些公理似乎非常基础、不言自明，乃至于它们必须为真。接着，要证明某个命题或为真或为假，那就看你能否从原始公理出发予以证明。如若不能，你就得假定你忽略了一个重要的公理，把它添加到公理列表中就行了。（这便是罗素的程序。）

　　哥德尔定理是说，无论添加多少公理，你永远也无法找出足够的公理。

总有一些你无法**完美作答**的问题。

你的公理集是否一致就是其中的一个严重问题，但你无法作答。

因此，数学从来都不是一个关于永恒真理的完美体系，也绝不会是这样的一个体系。

　　对于罗素来说，这无异于一场灾难，改变了他的一生。他拼命地想要某种东西成就完美，但它却永远成不了那副模样。

到目前为止所得到的结论

不过，即便罗素和怀特海从未达到他们那不可企及的终极目标，他们也还是做了很多工作。他们表明了，大量的数学（如果不是全部的话）可以得自逻辑。他们彻底变革了逻辑。在《数学原理》之前，逻辑的发展并未超出相对简单的亚里士多德的三段论。

罗素的工作有助于表明传统逻辑只是一个更大的系统的一部分，很小的一部分。但是，他个人为此付出了极高的代价。他觉得他致力于写作此书的那九年给他造成了心理损伤。

"就好像一个脾气暴躁的病人，多年来人们一直在照顾他，但也嫌恶他，现在他死了——我的感受差不多就是此时人们的感受。"

奇怪的逻辑世界

罗素是现代符号逻辑学的奠基者之一。为了表明数学最终可还原为逻辑，他不得不发明出一整套全新的"数理逻辑"。（今天，有些哲学家会说这是将数学逻辑化，实际上，罗素是在将逻辑数学化。）等到罗素开始其主要工作时，逻辑的符号化这一过程正进展良好。使用符号来替换逻辑概念和主目（类似于代数中的符号替换）促成了这样一种观点：就思想的目的而言，日常语言是一种完全不够格的工具。到 19 世纪末，弗雷格、皮亚诺、康托以及**皮尔斯**（C. S. Peirce, 1839—1914）等数理逻辑学家已经设计了好几种全新的逻辑来检测数学的真实性质。

对符号的使用还推动了这样一种观念：我们或许不可能促进并提升人类的思维过程。

……即便代之以机械设备或电子设备（比如，我正在用来写这本书的电脑）。

为了发明一种新型的逻辑，罗素不得不去分
析思想（以及论证）的深层结构彼此间如何关联，
以及它们与世界上的对象和事件如何关联。从此
开始，他的哲学变得非常技术化。不过，他试图
予以回答的种种问题看起来还是蛮简单的。

▶ 合乎理性意味着什么？是说某种可
被定义的东西吗？

▶ 逻辑与真理是什么关系？逻辑可否
证明某事为真？如果可以，又该如何
证明？

▶ 逻辑公理和逻辑规则是什么？如何证
明其正当性，以及为何它们是正当的？

▶ 逻辑需要什么样的语言结构？语词、
语句、命题，还是判断？

▶ 如何对复杂命题进行分析与拆解？若
要做此工作，你该停于何处，你是怎么
知道的？这些最基本的元素或"简单命
题"是什么？以及，它们彼此间是何种
关系，或应该是何种关系？

▶ 名称与它们所指之物是什么关系？[罗素认为，名称实际上是一种经过编码的摹状词（description），对于那个被命名的对象来说是唯一的。]

▶ 谓语指称什么？共相（universal）、概念，还是集合？例如，"罗素的头发是白的"这一命题后半部分的谓词。

其功能是什么？

是说它表示某种神秘的**共相**性质"白性"（whiteness），还是说，它表达我们有关"白性"的**概念**，又或，它以某种方式指称由所有白色之物构成的**集合**？

何为逻辑？

逻辑有一项基本"法则"："无物可以既为 A 又为非 A"（例如，无物可以在是鸭子的同时又不是鸭子）。罗素之前的大多数哲学家认为，这种法则之所以是基本法则，是因为人类心智的运转方式直接导致了这一法则，想想该法则就知道这一点显而易见。因此，逻辑是人类心*理学*的一个方面——这是说，它清楚无疑地存在于我们的心智当中。包括罗素在内的其他一些哲学家并不认同这一点。

逻辑和人类心智的诸多局限几乎没有什么关系，它更像一面镜子，镜映着宇宙是如何运转的。

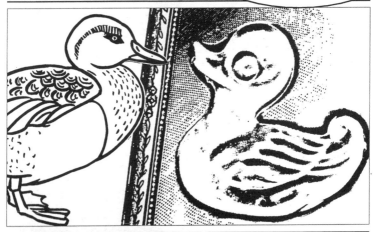

那个有关鸭子的逻辑规则反映了这样一个事实：现实中的真实的鸭子不可能在既是鸭子的同时又不是鸭子。

这意味着，关于逻辑结构的研究也就是关于现实本身之可能的深层逻辑结构的研究。正因如此，罗素才会如此严肃地对待逻辑。

不幸的是，在今天，大多数（并非全部）现代哲学家并不认同这一点。在他们看来，逻辑和人类心智没什么关系，它也不是一面镜映物事之存在方式的镜子。逻辑仅仅是"分析的"（见第 15 页）：当我们把意义归诸特定的概念和关系项时，我们可以自动地得出其中的含义，逻辑只是展示了这一"打开包裹"的过程。

因此，就关于鸭子的这一规则而言，我们的所学所知只是某些必然结论如何产生自诸如"无物""是""同时""既……又""和"以及"非"这些词项的。

逻辑和人类心智的诸多局限几乎没有什么关系，它更像一面镜子，镜映着宇宙是如何运转的。

换句话说，逻辑是一个语言分析空转的过程。

罗素本人最终似乎承认了这一观点，但他仍觉得该观点让人深感忧虑。

奥托琳·莫雷尔夫人

到 1909 年，罗素的第一段婚姻已经名存实亡。在这一年，他遇见了对其一生产生了重大影响的**奥托琳·莫雷尔夫人**（Lady Ottoline Morell）。他们之间有段微妙、不称心的关系，这段关系持续了好多年。他们的友谊一直持续到 1938 年，在这一年奥托琳夫人去世。罗素曾给她写过数千封信，在信中，罗素向她坦露了自己深深的孤独感和异化感；而她也常常在日记中提到罗素。

奥托琳夫人和另外几个男人也一直有情事，但她仍旧爱着她的丈夫——自由党议员菲利普·莫雷尔（Phillip Morell）。她向罗素引介了几位作家和知识人：**约瑟夫·康拉德**（Joseph Conrad，1857—1924）、**劳伦斯**（D. H. Lawrence，1885—1930）、**里顿·斯特拉奇**（Lytton Strachey，1880—1932）以及**梅纳德·凯恩斯**（Maynard Keynes，1883—1946）。他俩还合写了一部相当差劲的"观念小说"：《约翰·佛斯蒂斯的困惑》（*The Perplexities of John Forstice*, 1912），在这本小说里，一位虚构的罗素遇到了各种各样的人物，对于哲学、人际关系和宗教，这些人持有不同的观点。罗素的性格和对她的行为开始让奥托琳夫人感到厌烦。

经验主义与英国的经验主义者

和许多在他之前的英国大哲学家一样，罗素也是一位经验主义哲学家。经验主义主张，大多数的人类知识，乃至于全部的人类知识，都源自我们对世界的经验。

最明显的一个问题是，我们对世界的经验似乎是**间接的**。

大多数经验主义哲学家都是"**表象实在论者**"（representative realist）和"**因果实在论者**"（causal realist），他们主张，我们的实际经验是一种存在于我们心智中的**表象**（representation）或世界的副本（copy），由"就在那儿"的物质对象**因果地引起**。

这一问题和哲学本身一样古老，但它尤其让**约翰·洛克**（John Locke, 1632—1704）、**乔治·贝克莱**（George Berkeley, 1685—1753）、**大卫·休谟**（David Hume, 1711—1776）、约翰·斯图亚特·密尔以及罗素这些英国哲学家感到担忧。

笛卡尔、洛克以及经验真理

法国哲学家**勒内·笛卡尔**（René Descartes, 1596—1650）坚持认为，经验知识绝不可能有数学和逻辑的那种经过保证的确定性。我们所能确定的无非是，我们**在思考**，所以我们以某种方式存在。

因为上帝的仁慈，我们对世界的感官经验很可能大致上是准确的，但绝不可能达乎确定。洛克承认，对于我们的感觉是否将有关颜色、气味以及味道的真理告知于我们，并没有什么保证。

这些感觉的"质"（quality）仅仅存在于我们自身，而非存在于对象本身。对象具有"力"（power），它在我们的心智中创造出看上去像是来自经验的质。

只有可被度量的质（例如质量、尺寸、位置等）存在于对象本身。

不过，若我们所经验到的只是对象的种种特性，关于事物本身我们又能知道些什么呢？

如果你设想某物为"实体"（substance），以某种方式将"质"照入人类的心智，这个问题就自然而然地产生了。于是，洛克得出结论："物质"必须以某种方式存在，尽管它的实在不可避免地对我们隐藏着。

贝克莱：基于观念论的怀疑论者

观念论者主张，存在的**只是观念**。贝克莱动用了一些有说服力的论证表明，实际存在的只是我们私有的感官经验——在这些经验的背后并没有什么神秘的"物质"。

我们对这些经验产生的错觉是连贯的、可靠的，这是因为它们全都存在于上帝的心智中。

人类不可避免地但却错误地相信,他们的经验发源于一个"就在那儿"的独立的世界——但这个世界并不存在。这套理论怪怪的,但是对于哲学家来说却很难证明它不对。

如果你接受了贝克莱的论证,那你就不得不再接受这一说法:未被感知的对象(例如,隔壁房间里的东西)不存在……

存在即是**被感知**。

未被感知的对象仅仅作为潜在的经验存在,有待于你去感知——它们合宜地存储在上帝的心智中。罗素持不可知论,其认识论(知识理论)和本体论(什么实在或什么不实在)与贝克莱的观点极为相似。

休谟论印象

休谟认同贝克莱的观点，但他说，人类不可能像那样生活。我们或许可以接受怀疑论者的论证，这类论证告诉我们，我们对世界的经验是**可疑的**（我们可以对这些经验加以怀疑），但它们不会对我们的日常生活产生任何实际的影响。接着，休谟用一种怀疑论和经验主义的方法检视了许多其他哲学上的"确定性"，并驳倒了它们。人类极富创造力，他们惯于提出各种各样的观念（例如，有关上帝的观念）。

所有观念，如其要可被接受的话，必定可以追溯到"印象"（impression），亦即我们对世界的经验。

如果做不到，我们就很可能是在做无意义的思考和言说。

最后，休谟说，除了数学和逻辑，我们**能够**予以证明的知识几乎没有。

密尔的现象主义

　　罗素的教父约翰·斯图亚特·密尔也是这一传统中人。他的感知哲学并未让事情得到进一步的发展。他这一版本的经验主义通常被称作"现象主义"（Phenomenalism）：存在的只是我们经验到的现象。

我们可以试着解决怀疑论者有关"未被感知的对象"的问题，只须要求它们是"感觉的固有可能性"就行了……

这并未让问题变得更加清楚，也没有让问题有望得到解决。

罗素的知识理论

罗素最著名的作品之一《逻辑原子主义哲学讲演》(*Lectures on the Philosophy of Logical Atomism*)首次发表于 1918 年。尽管罗素的哲学不断发展,从来都不是一个单一的学说,但这个标签一直都在。"逻辑原子主义"比它实际听上去的要更为传统,也更少科学色彩。

"原子主义"是说,想要理解事物,你就得将它们分解成诸多最小的要素。

"逻辑的"是说,想要确定你在思考的是什么,你就得在逻辑上重新召集它们,而不是靠猜。

罗素诉诸"感觉材料"(sense-data)而不是"观念"或"印象"来解决"感知"这一古老的哲学问题,这就使得该问题听起来像是一个科学技术问题——不过,他的经验主义与休谟的经验主义并没有太大的不同。

罗素承认，我们所经验到的只是现象。我们**直接经验**到的，罗素称之为"感觉材料"；而**有待于**我们**经验**的，他称之为"可感物"（sensibilia）。

所以，在我看来，珠穆朗玛峰是一簇可感物，很可能将来一直都是一簇可感物。

……在这间屋子里，我周围的各种形状、各种颜色都是当下即是的感觉材料；现在，就在这个时刻，我亲知（acquaint with）这些感觉材料。

我们对世界的经验可被分解为数以千计的碎片或"原子"，我们只能短暂地、私有地经验它们，无法像通常那样为它们命名，只能将其称作"这"（this）。只有人们经验感觉材料之际，它们才存在。但是，和物理对象本身不同，它们至少是不可怀疑的，仅仅是推理的结果。

一项逻辑假说

因此，现实世界仅仅是一项假说。我们越是拆解经验，我们就越是接近真理。如果我愿意，我可以从这些材料簇出发做一推断：我正坐在一间屋子里，面对着电脑屏幕；但是，我无法保证实际情况就是这样。

我能够完全确定的只是这些稍纵即逝、私有的感觉材料。

感觉材料本身既不完全是**精神**（mental）存在物，也不完全是**物理**（physical）存在物，而是介乎两者之间的某种奇怪的东西。

不过，逻辑原子主义并不仅仅是一套关于感知的理论。它还是一套关乎意义与形而上学的理论。要知道为什么这么说，我们必须来看一看罗素最著名的文章《论指称》（On Denoting）。

《论指称》

这篇写于 1905 年的短文可能是罗素最著名、最具影响力的文章。每一位哲学专业的学生迟早都要学习这篇文章。它是一篇纯学院哲学的文章，很不容易读，所以，让我们慢慢来……

我们大多数人都同意，语言有两项最明显的功能：首先，**指称**（refer to）物事；其次，对它们进行**描述**（describe）。

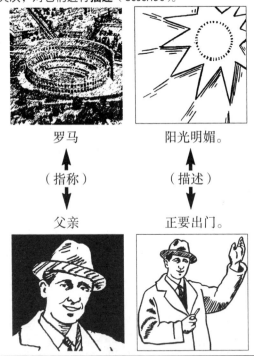

罗马　　　　　　　　阳光明媚。

（指称）　　　　　　（描述）

父亲　　　　　　　　正要出门。

指称是我们大多数人一开始学习语言的方式：我们将特定的声音、纸上的记号与对象或对象的图画联系在一起，以此来学习语言。

看着鸭子，说"鸭子"！

直觉上讲，我们可能会同意，指称是一个显而易见的事实，它关乎我们如何使用语词，甚至还关乎语词如何获得其意义。这一点很清楚。是这样吗？

语言与实在

　　指称还是语词与世界发生关联的方式。任何关于语词如何施指的理论几乎都会自然而然地包含另一套理论，这套理论讲的是，语言如何来指称"就在那儿"存在着的东西。

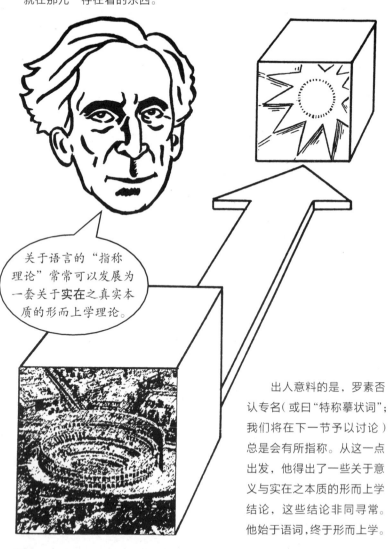

关于语言的"指称理论"常常可以发展为一套关于**实在**之真实本质的形而上学理论。

　　出人意料的是，罗素否认专名（或曰"特称摹状词"；我们将在下一节予以讨论）总是会有所指称。从这一点出发，他得出了一些关于意义与实在之本质的形而上学结论，这些结论非同寻常。他始于语词，终于形而上学。

特称摹状词

用来指称的表达式（罗素令人困惑地将所有这类表达式均称作"专名"）是这样一些表达式："温迪·史密斯""巴黎"**以及**"她""当今美国总统"等。但指称表达式可以产生一些诡异的悖论，特别是，如果你也跟罗素一样，相信意义的指称理论——该理论是说，语词**通过**指称获得其意义。在《论指称》一文中，罗素的关注点主要集中于"特称摹状词"，亦即以定冠词 the 打头的短语，例如，"当今英国女王""（那个）站在岗亭的男人"。*

谁都知道，像"普通男性"（the average man）这种表达式（例如，"普通男性每周喝六品脱啤酒"中的"普通男性"）显然不是指一个人。

倒不如说，它是一种用来谈论**所有男性**及其饮酒习惯的方式，一种简练的（尽管可能会让人产生困惑）方式。

没多少人会认为"普通男性"是一项指称表达式。

---

* 汉语中没有冠词，视语境有时加"这个""那个"，有时什么都不加。——译者注　　**057**

悖论与疑难

不过，若你说"第一个独立飞行的男人不存在"，你是在指谁呢？不可能指的是"第一个男人"（因为他不存在——记住！）。那么，何为"第一个男人"？某种胡说八道？如果真是这样，整个句子肯定就是胡扯。但它听上去不像是胡扯。关于这种类型的疑难，罗素本人给出了最为著名的例句："**当今法国国王是秃头**"（The present king of France is bald.）；就指称表达式可以引起的这种悖论而言，这是一个绝佳的例子。

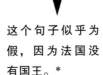

这个句子似乎为假，因为法国没有国王。*

* 法国现为共和国，并无国王。——译者注

不过，说它为假，你似乎是在主张"当今法国国王头发浓密"为真，但这也不对。

逻辑学家想要命题（也就是断言某事或某物的语句）要么为真要么为假，而这个关于法国国王的断言不仅自相矛盾，而且奇怪的是，它似乎既不为真也不为假。它看上去也不是无意义的胡话。

更让人发愁的还有这一事实：像"**内政大臣头发浓密**"（The Home Secretary has a full head of hair）这样一项指称表达式，它此时此刻有所意谓，而且，就算内政大臣晚上死掉了，该表达式**仍然**有所意谓。无论他生死与否，这项指称表达式的意义保持不变。

如果**没有这样的一个人**，"内政大臣"就不可能是指称表达式；反过来，如果**有这样的一个人**，它也不可能是指称表达式，因为，无论何种情形，这一表达式意谓同一个东西。

意义来自**指称**，还记得吗？

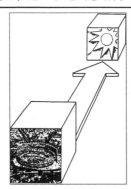

其他的一些悖论也出现了，例如，涉及同一性问题的悖论（对于"司各特是《瓦弗利》的作者"这句话，罗素坚持认为，"司各特"和"《瓦弗利》的作者"根本而言都不是指称表达式）。因此，若坚持要求保留"如此这般的某某"（the so-and-so）这类指称表达式，我们最终就会断言，像"如此这般的某某不存在"这样的句子绝不可能为真，更为诡异的是，某些命题不为真不为假，也不是胡说八道。

罗素的解决方案

罗素为这些悖论给出的解决方案是其著名的"摹状词理论"（Theory of Description）。他所做的是要表明，对日常语言中的那些貌似简单的语句进行**逻辑**上的分析时，你便会发现，它们实际上要更为复杂。

于是，"当今法国国王是秃头"这句就成了……

有且只有一个存在物，它是一位（a）法国国王，并且是秃头。

当然，这项分析所揭示的是包含"the"一词（被不定冠词"a"替换）隐藏的**存在性**主张。

罗素声称，对于凡是采用这一形式的指称表达式，此分析都成立。

"（那个）A是B"的真实意谓是，"有且只有一个存在物，它是**一个**（an）**A**，并且是**B**"。

关于语词和指称的结论

对这些令人困惑的表达式进行逻辑分析之后，罗素得到了他的结论，其结论是这样一项主张：所有专名都是**伪装的摹状词**（disguised description）。所以，"法国国王"被降格为"一个具有'是法国国王'这**一性质**的存在物"（当然，还有"是秃头"这一性质）。"存在且只存在一个存在物，它具有'是法国国王'这一性质"，这个全新的、更富逻辑性的句子不那么令人困惑，而且，现在被清楚地揭示为假。

"猫是一种食肉动物"意味着"如果什么东西具有'是猫'这一性质，那它也就具有'是食肉动物'的性质"。

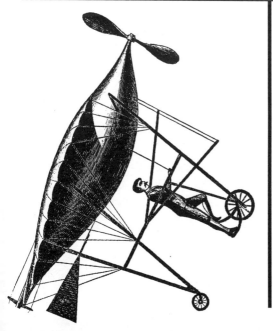

而那个令人困惑的、有关"飞人"之不存在的句子就变成了："不存在一个且唯一一个存在物，它是一个人，并且可以独立飞行。"

语法存在

罗素的这种逻辑分析表明了日常语言有多么地令人困惑、它如何导致了奇奇怪怪的悖论，以及将日常语言分析为更清楚的"逻辑形式"怎么就成了解决这些悖论的唯一方式。

当你这么做的时候，你便会发现，**语法**主语通常不是**逻辑**主语。

有些问题关乎神秘的"空的"指称短语（"法国国王"），这些令人困惑的问题被解决了。

许多悖论——例如，有关"不是自身成员的类的类"的悖论——被表明是一种错觉。

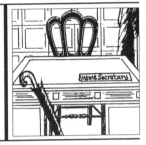

如当"存在"被视为事物的"性质"时，便会引出一些困惑，现在，这些困惑也消失了。逻辑不一定得是基于主谓形式的。

分析下这个句子：

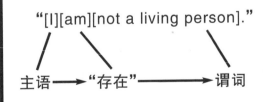

"[I][am][not a living person]."

主语 ——→ "存在" ——————→ 谓词

命题间新型的、更为复杂的关系得以成为可能；一种全新的谓词逻辑诞生了。

作为系统的逻辑原子主义

要理解罗素的哲学，最简便的办法便是想象他持续不断、决然无情地扔掉所有他认为可疑的知识，看看我们还剩下什么。他还假设，获知真理的最佳方法是将所有东西都还原为最简单的要素。他认为，最后留给我们的是一些非常小的信息片段，关乎微小的私有感官经验。这些"片段"他称之为"逻辑原子"。

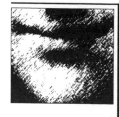

逻辑原子是最小的元素，不可再被还原，不能再做进一步的分析；所有东西都可被还原为逻辑原子。

所有关于对象的言谈最终都可被还原为关于**感觉材料**的言谈；从感觉材料出发，我们构造出合宜的对物质对象的"逻辑虚构"。

感觉材料是宇宙的逻辑原子。我们对它们的经验和指称是意义的终极基础。我们可以完全确定的只有这些感觉材料。

"哲学始于某种如此简单以至于似乎不值得作为起点的东西，终于某种如此矛盾以至于无人相信的东西，这是其关键所在。"

什么可以被指称？

在《论指称》一文中，罗素得出结论：大多数指称表达式实际上是对性质的描述，它们经过了编码。"法国总统"这一表达式无须法国总统这样一个活人就能有意义，因此它必定是关于性质（"是法国总统"）的表达式。

是否还有其他能够施指的表达式，或者，它们是不是最终都可被分析为对性质的描述？

有一些独一无二的存在者，语言必须用这样一类表达式直接予以指称，这类表达式（比如，"这"或"那"）指称的是当下即是、被直接给予的感觉材料。

因为感觉材料是对颜色和形状的私有经验，所以，我们谈论它们的唯一方式便是说"这"或"那"。还记得吧，罗素认为，我们所能确定的只是"感觉材料"，而不是现实中的实际对象。

罗素与贝克莱

那么,像桌子、猫以及国王这类东西是怎么回事? 我们关于它们的知识和言谈是怎么回事?

这类东西是存在的,不过,关于它们,我们所知道的只有我们对其性质的感官经验,即便我们能相当地确定,我们对其"第一性"(primary quality)的经验是正确的。

我们所能经验的只有"质"或性质。没有理由去相信,有一些"就在那儿"的对象,它们因果地导致了我们的经验。

上帝给我们创造了一整个连贯一致的现象。

罗素的观点似乎与贝克莱的非常接近。

是不是有一些"就在那儿"的对象,它们因果地导致了我们对性质的经验? 对此,我更是一位不可知论者。

而且,在他那里并没有上帝的位置。

物质对象是一些诸如"普通男性"这样的片段,它们是有用的、逻辑上的虚构,但仅仅是一种对复杂真理的缩略。"物质对象"只是一例合宜的缩略,其背后是关于私有之感觉材料的复杂言谈。

一门纯粹的逻辑语言

《论指称》是 20 世纪最重要的哲学文本之一。不过，这并不是因为它呈现了一种极端的感知理论，或包含了一部分让人惊异的形而上学。其为革命性的，是因为它改变了哲学家看待语言与意义的方式。它促使哲学家去思考，我们可否创造出一门纯粹的逻辑语言，由此彻底摆脱"日常"语言的歧义与混乱。

而且，如果可以表明，这一理想语言与世界有一种一一对应的关系，它甚至就会成为一件可以用以探究实在本身之深层可能结构的工具。（罗素始终确信后面这一点，而其他哲学家，比如维特根斯坦，一开始也认同这些观点，但后来转变了看法。）

分析哲学

《论指称》一文不仅有助于构造一种全新的"谓词逻辑"，还有助于建立一门哲学流派——如今被称作"分析"哲学或"语言"哲学。哲学家的工作是审视语言，并将其拆解为逻辑要素，以此分析它"真正言说"的是什么。许多 20 世纪的哲学家受此引导，认为哲学是一种分析"活动"，而不是一套知识体系。

在罗素看来，重要的不仅仅是一个陈述的意义，还有它为真还是为假。哲学真正的职能是去理解世界以及依栖于世界的人类。罗素向来对科学抱有兴趣，因为它似乎在这两方面都很成功。

维特根斯坦：其影响有害还是有益？

罗素的逻辑原子主义是一套关于知识、意义以及形而上学的复杂理论。它交织着两条脉络：其一是经验主义者向来持有的、关于我们如何感知世界的信念；另一条则是由**路德维希·维特根斯坦**（Ludwig Wittgenstein, 1889—1951）创制的意义理论——该理论给罗素留下了很深的印象。在《逻辑哲学论》（*Tractatus Logico-Philosophicus*, 1922）中，维特根斯坦坚称，语言有意义只是因为它能够"摹画"（picture）世界。这一理论很奇怪，神秘而又复杂，它是意义的"指称"理论的一个版本。

罗马是晴天

你是对的，日常语句要得到恰当的理解，它们就必须被分析成大量更为基本、更具有逻辑的命题。

在维特根斯坦看来，一个有意义的语句的结构多少像是一面镜映实在之构造方式的"镜子"，或者说，是实在之构造方式的表象。

这不是维特根斯坦

如当一个语句被分析成它的最深层、最简单的逻辑形式时，你便会发现，它是由一系列"基础语句"（elementary sentence）构成的，其中含有"名称"。而这些"名称"对应于现实对象。名称在语句中的排列方式必须对应于现实对象的某个可能的排列。因此，名称予以**指称**（denote），语句予以**摹画**，这便是语言获得其意义的方式。

名称与对象之谜

　　与罗素不同，维特根斯坦不愿为"名称"给出实例，也不愿明言"对象"会是何种事物——也许是因为它们太过基本。他认为，关于语言如何摹画实在，无可多说，因为你无法用语言描绘其自身——这类真理只能被显示。

最让人惊异的是他的这一信念：你无法从关于语言的最深层结构的研究中读取实在的最深层结构。

深入地分析语言就是在做形而上学，同时也是在**废除它**。

维特根斯坦的意义理论很怪，也很棒，但其中满是未经解释的技术性语汇，其论证也并不总是清楚的。

在我生命的后期，我放弃了该理论的大部分观点。

我接过了这一理论，并将其整合到我自己关于知识、意义以及形而上学的理论中。

维特根斯坦谜一般的"对象"成了罗素的"感觉材料"。罗素的基础语句是那些直接指称感觉材料的语句，例如，"这是红色的"（"原子事实"）。从这些基础逻辑形式出发，意义整体就被构造了出来，而且全部的知识最终都来自这些语句。

真是这样的吗？

对于还原式的分析是不是通达真理的唯一途径，维特根斯坦开始报以极大的怀疑。

把扫把折断，掰成越来越小的木棍，并不告诉你任何有关扫把的事情，例如，它的功用是什么，它一般如何使用。

其他对逻辑原子主义的批评通常聚焦于它的感知理论或意义的指称理论。例如……

▶ 我们经验到的只是感觉材料，真是这样的吗？还是说，我们实际上更为直接地经验世界？

▶ 感觉材料是最基本的存在物吗？

▶ 罗素是不是将它们"具体化"了？［他把它们说得就好像是**物**（thing）似的，难道它们不是现象？］

▶ 感觉材料真的像罗素认为的那样不可置疑、确实可靠？（如若不是，他的一整套经验主义方案就陷入了麻烦。）

▶ 如果感觉材料由物质对象**因果地**引起，这难道不就是说物质对象更为基础吗？

▶ 是说，心智被动地"接受"感觉材料，接着从这一信息出发，构造出了一个虚构的物的世界？还是说，心智较为有创造力，在某种更为复杂的双向过程中，它部分地创造出它所感知到的东西，并将其分门别类？

▶ 我能否拥有这样一种"私有"经验，即它们只有通过我自己的某种"私有语言"才能得到表达？

▶ 大多数指称表达式并不指称，真是这样的吗？难道只有在特定的情景中能够予以指称的才是指称表达式，而一直都必须予以指称的不是指称表达式？

▶ 语词或语句真的通过指称获得其意义吗？抑或，意义完全来自其他某种东西？又或，探寻意义是什么或它以什么为根据终是一场无果之旅？

罗素的意义理论

我们终于来到了罗素的意义理论——他可有好几个不同的意义理论呢。哲学家向来对语言和意义感兴趣，20世纪的哲学家尤其如此。哲学家用语词和语句思考，所以，至为重要的是，他们所用之语言得是清晰的、没有歧义的。在其一生的大部分时间里，罗素都相信，语词获得其意义是因为它们指称现实事物。

若有人说"那边的那本书是蓝色的"，并且那本书确实在桌子上，那么，正是那本书赋予"那本书"这个短语以意义。

"是蓝色的"一语指称某种相当古怪的东西，亦即那个人已经**直接**亲知到的抽象共相"蓝性"（blueness）。

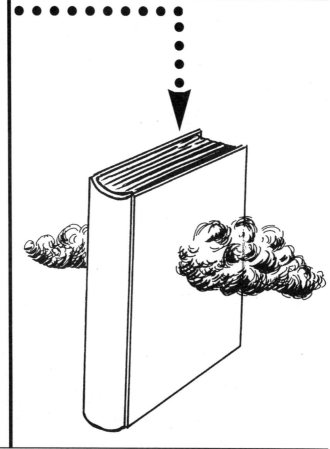

表面上看，这是一个对许多人都有吸引力的理论。我们大多数人也都是通过指物识字来学习语言的。但是，作为一套意义**理论**，它带来了许多问题。其中的一个问题是，它助长了这么一种想法：名词必须始终代表现实中的**某物**；这就促使大量的抽象存在物要像变戏法那样变成某种稀薄的实存事物，以便证明这些语词确实有意义。（前边我们已经看到，罗素是如何试图用其"摹状词理论"来解决这一问题的。）

意义的观念理论或心智主义理论

关于意义，罗素给出了他自己的经验主义阐论，其阐论更具传统色彩。这是说，它主张语词通过指称观念获得其意义。语词之所以获得其意义，是因为人们将语词用作"标记"，以此相互传达前语言（pre-linguistic）的观念。在洛克这样的哲学家看来，我们谈论"观念"就好像它们是内在的心智图像（mental image）。

这些"由观念形成的图像"（ideational image）先是被心灵看到，然后被翻译为语言，接着又被从一个心灵移动到另一个心灵。

因此，语言通过指称获得其意义，但它指称的不是真实世界中的事物。

这一理论也引出了一些为其所独有的问题。再清楚不过的是，我们所有的思想不都是视觉的，就其本质而论，它们也不是言语的；无法保证张三像李四那样收到一模一样的原初"观念"。还有，心智图像是如何有所"意谓"的？

原子主义理论

罗素的"原子主义"理论是一个极端的经验主义方案的最终结果。此方案坚持认为，语言只有在其有所指称的时候才有意义；每个个体最终必须直接亲知被指称的东西。我们所能指称的（而不是描述的）只是一系列当下即是、快速变化的现象（"感觉材料"），即那些最基本的感官经验。所有关于对象的陈述可以并且必须被还原为关于感觉材料的陈述。

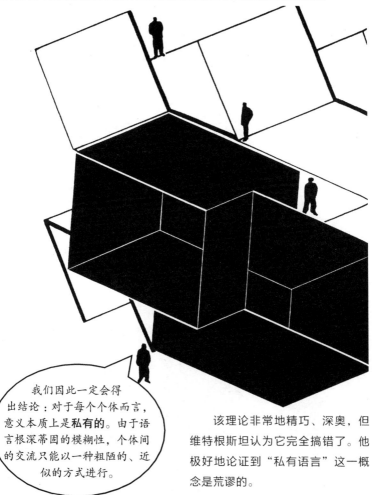

我们因此一定会得出结论：对于每个个体而言，意义本质上是**私有的**。由于语言根深蒂固的模糊性，个体间的交流只能以一种粗陋的、近似的方式进行。

该理论非常地精巧、深奥，但维特根斯坦认为它完全搞错了。他极好地论证到"私有语言"这一概念是荒谬的。

行为理论

后来，罗素又转向了另一个理论——意义的"行为"理论，该理论主张：意义理论必须侧重于话者的"意向"，以及作用于听者、使其产生特定行为回应的"效果"。

但是，并不是所有的语词都可以让人做出某种回应……

作为一套理论，它将意义限定在**可观察**的人类行为上。

该理论忽略了这样一个事实：人们可以拥有私有的言语**思想**，而外部行为并没有揭示出它们。意义和回应不见得是一回事。

弗雷格的含义与指称

当然，还有其他一些与罗素的意义理论竞争的意义理论。例如，他知道弗雷格的主张，亦即意义包含两个要素：含义（sense）*和指称（reference）。含义是一种公共现象，它基于约定的同意：我们全都同意，我们使用"鸭子"这一符号来指称特定种类的禽。

那儿有只鸭子！

*弗雷格的这篇名文"Sense and Reference"译作《意义与指称》为佳，这里为不引起混乱，暂将 sense 译为"含义"。——译者注

当我使用这一被说出来或被写下来的符号来指称在那边游泳的鸟时，我是在给出一个或真或假的陈述。

但这并不是语词获得其意义的方式。把两者合到一起只会导致混乱。

罗素似乎忽视了这一意见，而这也部分解释了为什么他的语言哲学有时似乎是在兜圈子。

维特根斯坦的意义"幽灵"

罗素也了解（但并不同意）维特根斯坦后来的观点，即任何对"意义"的哲学搜寻都是错误的。这场搜寻已然预设了"意义"一定总是某种独立于语言的东西，就像栖于语句中的幽灵。

这正是因为"意义"一词的存在并不意味着有某种抽象的存在物要由它来指称。

哲学家所能做的只是去检视人们在各种各样的语境中如何**使用**语言。

在私有的内在心智过程中寻找意义毫无意义。

后来，维特根斯坦还主张，语言"自由浮动"于世界。关于语言之构造方式的研究不可能告诉我们任何有关世界之基本结构的事情。哲学家只能试着去澄清概念，并以此来"消解"许多传统哲学中的"问题"。

哲学之所以常常参与搜寻被假定存在着的非实存之物，那是因为人们相信词与物之间有一种一一对应的关系。

像"真理"这样的词有用，但使用它并不意味着它指称某个存在之物，也不意味着哲学家一定得猎寻这一神秘的存在物。

哲学是针对借助语言来蛊惑我们的智性所做的斗争。

哲学问题

1911 年，罗素着手写作他最具人气的著作《哲学问题》(*The Problems of Philosophy*, 出版于 1912 年)。这本书，他称为"耸人听闻的廉价小说"(Shilling Shocker)，从未认真对待过。不过，它让罗素出了大名，而且一直都没有绝版。现如今，虽然大家觉得这书有点过时，但还是把它当作一本可靠的哲学入门书推荐给学生。在这本书里，罗素检视了许多重要的哲学问题——首先便是关于感知知识的种种问题。我们**觉得**我们拥有的、关于周遭世界的知识让所有的英国"经验主义"哲学家伤透了脑筋。

我相信，我们所能经验的只是世界呈现于我们的"现象"。至于它的"真实"本质，我们仍一无所知。

我们的感觉器官给予我们种种感觉，我们就困在这样一个由这些感觉组成的世界中；到底是什么**因果地引**起了这些感觉？对此，我们没有任何真正的知识。

常识派认为，外部一定存在着"物理对象"，是它们引起了这类感觉，但我们似乎无法予以证明。

两种知识

在这本书里，罗素还给出了一个著名的区分："由亲知获得的知识"（knowledge by acquaintance）和"由描述获得的知识"（knowledge by description）。我们直接地、即刻地"亲知"由形状和颜色引起的种种感觉，接着，我们由这样一个材料推断：也许正是物理对象在我们身上产生出了这一材料。由亲知获得的知识不可置疑，通常转瞬即逝、无须中介、为个体私有——其来源通常是神秘的。

除了感觉材料，我把记忆、共相以及其他种种有自我意识的思想和情感也算在了里头。

由描述获得的知识则易于理解：我们从书上读来的，其他能够予以描述、可以使之公开的信息源都属于这种知识。

不过，如我们所知，持逻辑原子主义立场的罗素主张，几乎全部由描述获得的知识最终都可还原为由亲知获得的知识。

其他一些哲学问题

罗素予以检视的其他问题涉及归纳、一般原理、**先天**知识、共相以及真理和谬误。我们一直都在做归纳，常常几乎发自本能地进行归纳推理。就连我的猫也能学会归纳。

不过，单是因为这些事情在过去为真，并不能确保它们在将来也为真。我们的日常知识、关于宇宙的科学知识总是临时性的、易于出错的，它们虽高度可信，但和通常认为的数学和逻辑真理之可信不同，它们不是"得到保证的"或"必然的"。

共相与殊相

在"一般原理"这一章，罗素告知他的读者，理性主义哲学家和经验主义哲学家有几大差别。理性主义者期望用理智的必然真理（例如，数学真理和逻辑真理）充当知识的基础，而经验主义者则主张，所有知识必定始于我们对世界的经验，无论这些经验多么地局限、多么地令人困惑。

作为一名坚定的经验主义者，我着重指出，**先天知识**，也就是与经验无关的知识，不能告诉我们任何有关世界的事情，它只能告诉我们一些关于非实存的存在物（例如，"性质"和"关系"）的事情。

让我们看一看"共相"与"殊相"。这类共相——"白性""三角性"以及"在……以北"（例如，"爱丁堡在伦敦以北"）——有何实在性呢？

共相实在吗？

　　一些哲学家相信，共相无非是一些合乎便宜之用的**语词**，它们没有真正的实存；而另一些哲学家则认为，共相是**观念**，当人类试图对世界加以分类和理解时，他们在其头脑中予以指称。但是，和柏拉图一样，罗素认为，共相并非思想，而是"思想的对象"——它们是真实的，外在于我们，其存在方式不同于伦敦或爱丁堡之存在方式。

何为真理？

在这本书的最后，罗素检视了使我们的信念成真或成假的东西。真理与心灵的心理状态无关。"使信念成真的是事实，该事实绝不涉及持有此信念之人的心灵。"他作结道，哲学向我们揭示了我们的确实之知何其之少。关于事物的存在方式，它没有告诉我们任何确定的东西。

见如上帝所见

　　虽说哲学事业充满了不确定性，但它完全是一项有价值的人类活动。

"哲学虽不能确定地告诉我们，它所引起的怀疑的真正答案是什么，但却能提出许许多多的可能性，这些可能性扩展了我们的思想，并使其摆脱了习俗的压制。"

"自由知识人见如上帝所见，不拘泥于一时一地，不揣希望不怀恐惧，不拘于传统信仰和当代偏见，平静地不为感情所动，在仅有的、纯粹的求知欲望中……"

维特根斯坦：回头浪子

　　虽然受到了摩尔、怀特海等哲学家的影响，但对罗素来说，最具决定性影响力的思想家是他的一位学生：路德维希·维特根斯坦。他俩的第一次见面是在 1911 年。

我问罗素，我是该研究哲学，还是该回去当一名航空工程师。

他今天问我，我是不是觉得他在哲学上毫无希望，我告诉他我不知道，我觉得不是。

激烈的学生

　　起初，罗素俯就施恩般的把他的新学生称作"我的激烈的德国人"，但他很快就转变了看法，因为维特根斯坦着手打发了许多由来已久的传统哲学"问题"，视之为无关紧要。他要求罗素用一种全新的方式思考另外一些问题。

　　罗素和维特根斯坦的早期关系极为密切。罗素不得不努力跟进维特根斯坦关于逻辑、语言和世界的激进想法。

在某些方面，维特根斯坦很像年轻时的罗素：他对哲学中的技术难题有着浓厚的兴趣。他觉得他不得不去求解关于逻辑的本质、特性以及功能等基本问题。不过，与罗素不同的是，他从不认为哲学应该去探究感知之知或"物质"。维特根斯坦的哲学聚焦于各种意义问题而不是知识。

关于语言能说什么有着严苛的限制，我的目标就是要表明这一点，而罗素从来就没真正地理解这项全新的哲学课题和他本人的有多么不同。

不过，对于真正重要的事情，我们只能保持沉默。

不管怎么说，有那么一段时间，我把他看作我的接班人。

我爱他，视如己出。

分道扬镳

不久后，罗素便被维特根斯坦吓坏了——不仅因为他反复无常、易于发怒（至于什么原因并不总是清楚的），还因为他鄙视罗素的大部分作品，以及罗素没法理解他那神秘兮兮的关于意义的"图像理论"。"我竭尽脑力才能跟上他。"

罗素愈发对他的人生和成就感到沮丧，他向奥托琳夫人吐露心声：他觉得他应该放弃哲学，干点儿别的。

罗素成功地将维特根斯坦的一些想法不同程度地吸收到了自己的哲学中。最后，或许不可避免的是，两人吵架了——现在还不清楚他俩为什么吵架。维特根斯坦仍旧钦佩罗素，但他认为"*我们之间不可能有任何真正的友谊*"。

约瑟夫·康拉德

  幸运的是，罗素的朋友并不都是那么苛刻、难以相处。奥托琳夫人把罗素介绍给了波兰裔作家**约瑟夫·康拉德**。罗素立刻就接受了他。两人都在很小的时候就失去了父母，都深深地惧怕被精神错乱击倒；他们相信西方"文明"极其脆弱，感到自己孤立于世界。

罗素对这次会面印象深刻，后来他以这位作家的名字给他的两个儿子取了名。

我忠实地读了罗素寄给我的全部哲学作品……

我读了康拉德的大部分作品，在他虚构的一些人物身上，我发现了对我自身状况的完美分析。

不过，罗素还是在寻找一位能够理解他的人。他把一种彼此间的亲密投射到了这段文雅的关系上，但在康拉德看来，这段关系从未真正存在过。

第一次世界大战

在 1914 年之前，作为逻辑学家的罗素在学术圈已经尽人皆知。到了 1918 年，他已成为一名著名的公众和政治人物。1914 年，英国对德宣战之际，罗素感到了震惊。他德语讲得很好，熟悉许多以德语为母语的哲学家（以及此时人在挪威的奥地利哲学家维特根斯坦），并且对德国文化有很高的评价。看到街上的普通人对战争的热情高涨，他感到沮丧，他认为，当时的政府是在利用人们对外国人的恐惧，这种恐惧出乎本能却毫无根据。

我深深地觉得自己像从另一星球掉到了一群外星人当中。

罗素写了几本谴责战争的小册子。他在《战争伦理》(The Ethics of War)一文中认为，像在英国和德国这样两个文明国家之间进行战争愚蠢至极。1916 年 1 月，政府开始征兵，这让罗素出离愤怒。那时，他已经43 岁了，没有资格服兵役。

征兵问题

罗素很善于公开演讲——他说话自信、清楚，极具说服力。（他常常觉得，他应该去从政而不是搞哲学。）罗素的反战演讲有很多人参加，一时间他成了禁止征兵协会（No-Conscription Fellowship）的领头羊——该协会组织抗议者反对征兵，并对许多拒绝参战的"出于良知而拒服兵役者"予以支持。一些出于良知而拒服兵役者被允许加入到非战斗部队（Non-Combatant Corps）。

我们挖战壕——较为迂回地促进战事。

或者，我们在救护队服务。

罗素被罚款 100 英镑（约合今天的 8000 英镑），并因书面支持一名拒绝战斗**或**挖战壕的反对者而受到监禁威胁。

和平主义者罗素

这时,英国当局已经开始担心罗素的和平主义活动。他被剥夺了护照,被从三一学院的讲师职位上除名,并被禁止在海岸附近的"禁区"讲话——大概是为了阻止他向过往的德国潜艇传递和平信号。(实际上是为了阻止他向一些监狱里的反对者发表演说。)

我给美国总统威尔逊写信,请求他干预这场战争以阻止进一步的流血。

他还建议青年诗人**西格夫里·萨松**(Siegfried Sassoon, 1886—1967)……

我在前线服役,我反对说这场战争没有进行下去的充足理由。

可是战争还在继续。到 1916 年,大多数人开始意识到,双方军队的伤亡率高得惊人且没有必要。但这一切似乎并没有打消平民大众对战争的渴念。罗素变得愈发消沉,不愿与人来往:"*我恨这个星球,我恨人类。我羞于是这样一个物种的一分子。*"

牢狱之灾

最后，当局忍无可忍。罗素写了一篇文章，预言欧洲将出现大规模的饥荒，美军将占领英国并用暴力恐吓决定罢工的英国工人。他被指控写了一篇有可能损害"国王陛下与美利坚合众国关系"的文章，因此被投入监狱关了6个月。他是"甲级"囚犯：他的单人牢房可以配置家具，他可以雇人打扫卫生，而且一经要求还会有鲜花、书籍和食物送上。

我每天都坚持阅读送来的《泰晤士报》。监狱生活舒服极了。

他读了斯特拉奇讽刺"卓越的"维多利亚人名不副实的文章，突击学习了行为主义心理学这门相对较新但发展迅速的科学，还写了一本新书《心的分析》（ *The Analysis of Mind*, 1921）。

心灵理论

在罗素之前有形形色色的心灵理论。**二元论**（dualism）可能是其中最古老的一个，因为柏拉图、笛卡尔等哲学家，二元论为人们所熟知。二元论认为这世上只有两种实体：心灵与物理对象。

观念论者的心灵理论

二元论的"身心"困境有一明显的出路：将其中之一合并到另一个实体中。观念论提供了一套解决方案。

物质主义者的回答

　　物质主义者的主张刚好相反：凡存在的都是物理的，心灵也不例外。但这一解决方案往往需要对"物理的"一词做出复杂的重新定义。

持心脑同一论的理论家主张，一个"精神"事件总是同一于大脑中的某个物理事件。

但眼下这还仅仅是个理论，因为我们无法确切地证明实际情况总是如此。

双相理论

这一问题另有一同样巧妙的解决方案，常被称作"双相"（Double Aspect）理论。该理论称，真正说来，精神事件和物理事件均为某个深层实在的属性，而这一实在本身既不是精神的也不是物理的。这一理论最著名的拥护者便是"一元论者"（monist）**巴鲁赫·斯宾诺莎**（Baruch Spinoza, 1632—1677）。

"万物"中只有一种实体，因为心灵和物质都是同一个上帝的不同面相。

休谟是另一种类型的一元论者。

当我们试着查明"心灵"的时候，我们所能发现的只是观念与印象的集合。物质是一种虚构，我们发明了它，以便将我们的感觉印象与假设的物理对象同一起来。

归根到底，物质与心灵是两种相当类似的存在物，只不过一个发送一个接收而已。

罗素的中立一元论

在监狱期间，罗素阅读了美国心理学家**威廉·詹姆斯**（William James, 1842—1910）的著作并深受其影响；詹姆斯发明了"中立一元论"（neutral monism）一词。

人类经验不能被刻板地列入非精神即物理的范畴，真正说来，它是某种神秘地介乎两者之间的东西。

关于心灵与物质，我写了两本书：《心的分析》和《物的分析》（*The Analysis of Matter*, 1927）。所有关于心灵与物质的谈论都可被还原为"事件"，也就是说，都可被还原为这么一种现象：就其本身而论，既不是物质的也不是精神的。

到这时，罗素已经对现代原子物理学有了很好的了解：原子物理学不愿把物质说成是"东西"，而是更多地以"复杂的波动系统"或"事件"来看待它。作为一个激进的经验主义者，罗素乐见对物理世界的科学解释与"常识"解释大相径庭。

105

罗素继续表明"心灵"概念有多么地不清楚。当心灵激活时，"事件"就发生在我们的大脑中，它可以是精神的，也可以物理的，或者兼而是之。最明显的例子便是感知行为。我们感知到的总是印象或感觉材料。罗素坚持认为，这些神秘的存在物本身既不完全是精神的，也不完全是物理的。

例如，对于颜色，心理学家可以将其作为心智经验加以分析，物理学家则可以将其作为光波现象加以分析。

因此，从本质上讲，"颜色"既不是精神现象，也不是物质现象。

颜色取决于它与其他事件以及环境的关系。因此，物理对象实际上是一系列向外辐射的现象（心灵是这些现象的接收器），而感觉则是一种发生在神经系统中的物理事件。心灵与物质之间的区别比我们假想的要小得多。

对罗素理论的评价

　　和罗素的其他哲学观点一样，表面上看，这套奇怪而又复杂的理论很难让人接受。信念、欲望等精神现象如何能以这种方式被还原为中立且不完全是精神的"事件"？并非所有人都相信，现代科学和传统经验主义者对世界的解释与罗素的观点相容。

　　尽管如此，如果你接受罗素的观点，承认我们是以极为间接的方式在我们的大脑中感知世界，承认物质对象本质上是"事件"，那么，中立一元论便会让你信服。

　　仅仅因为该理论违背了关于我们自身和世界的常识，还不能证明它一定是错的。（尽管几乎所有的当代哲学家、物理学家或心理学家仍然完全不相信这套理论。）

一场令人满意的战争

在某些方面，罗素的抗争之战进行得不错。他结交了许多好友，并与同为抗议者的康斯坦斯·马尔森（Constance Malleson）或"科莱特·奥尼尔"（Colette O'Niel）* 发生了关系，这段关系持续了好几年。1915年时，他还遇到了作家 **D.H. 劳伦斯**（D. H. Lawrence, 1885—1930）。劳伦斯是一位充满激情、热烈而偏执的空想家，他给罗素留下了极为深刻的印象。奥托琳夫人是劳伦斯的"粉丝"，因此罗素也乐意贡献赞许之声。

劳伦斯是另一种类型的厌世者，他和罗素不一样。

他更像是一名罗曼蒂克的反动分子……

20世纪的大多数个体是有失本真的生物，被工业化的社会所压抑，这种社会推崇的是理性思想、机械论思想，独独排斥所有真实的人类情感和本能。

*康斯坦斯·马尔森是一位作家、演员、和平主义者，科莱特·奥尼尔是其艺名。——译者注

劳伦斯对自己以及自己的想法都极度自信，他一直在费心寻找他的信徒，后来，他们全都去了太平洋上的一个小岛，在那儿建立了一个乌托邦公社——"拉纳尼姆"（Rananim）。令人惊讶的是，罗素挺喜欢劳伦斯的，劳伦斯曾起誓他们之间的兄弟情谊天长地久，对此，罗素有那么一小段时间深感荣幸。

我俩在很多方面都极为相似……

但是……

我一点儿都不懂劳伦斯的哲学……他的哲学不合我意。

苦涩的转变

毫不奇怪，他俩闹翻了。劳伦斯转而攻击罗素，他给罗素去了几封信，这些信对他以前的这位信徒产生了毁灭性的影响。

劳伦斯敏锐地看到，尽管罗素自称博爱众生，但事实上，他是孤立的个体，厌恶大多数的人类，感到与他们疏离。

罗素是一个对自己、对自己的感情抱有深度怀疑的人。

当劳伦斯说出那些话的时候，我几近绝望，我想自杀。

里顿·斯特拉奇

瓦内萨·贝尔

幸运的是，奥托琳夫人的宅子里还有其他一些不那么挑剔的客人，比如，奥尔德斯·赫胥黎（Aldous Huxley）、瓦内萨·贝尔和克莱夫·贝尔夫妇（Vanessa and Clive Bell）以及里顿·斯特拉奇，他们实实在在地帮助罗素振作了起来。他还与诗人 T.S. 艾略特（T. S. Eliot）的妻子维维安·艾略特（Vivien Eliot）发生了一段短暂而悲惨的关系。

朵拉与俄国革命

　　1917 年，罗素遇见了年轻的女权主义者朵拉·布莱克（Dora Black）。她告诉他，她想要孩子，不过，她认为，父亲们不应该对他们有任何权利。罗素寻思着，他得断了他的那些情事，娶她为妻。首先，朵拉有约……

> 如果我不能是你的同志，爱你就没有任何意义。

　　像当时许多激进的知识分子一样，朵拉和罗素对俄国革命感到振奋。他们支持在 1917 年取代沙皇专制政权的临时政府。

革命政府宣布赦免所有的政治犯；它还支持出版自由……

此后不久，我因说了说关于这场战争的看法就被关了起来。

罗素认为，苏维埃式的"委员会"这一全新的俄国模式，再加上改革后的议会民主，便是最好的政府形式。

体验布尔什维克主义

1920 年，作为工会代表团成员，罗素受邀访问由列宁的布尔什维克党控制的俄国。起初，他仍然认为，"全世界的社会主义者应该支持布尔什维克党人并与之合作"。但与他的许多同志不同，罗素对他所看到的一切印象平平。他发自本能地不喜欢新集体主义伦理，并批评这一新布尔什维克国家利用压迫和暴力达到目的。

我觉得，我在人类生活中所珍视的一切都是因为一种油腔滑调、眼光狭隘的哲学而被毁的，在这个过程中，无数人遭受了不可估量的痛苦。

深怀信心的朵拉随罗素访问俄国，但是，像许多英国左翼知识分子一样，她回来后对新政府的看法与罗素截然不同。罗素看到的是"一个严密的官僚机构，一个比沙皇的监控系统更周密的监控系统"，朵拉却是带着满腔激情离开的。

在苏联，我看到了一幅盛景……一个未来文明正在形成。

在我看来，列宁就是一个固执己见的教授；托洛茨基就是一个自负、虚荣的演员。

罗素常因其政治幼稚而受到批评，但这一回他也许看对了。

中国之行

　　罗素和朵拉接着去了中国。东道主把他当作圣人款待，对此，罗素既惊恐又满足，于是他对中国文明报以溢美之词。罗素做了很多场关于社会和政治问题的讲座，听众中有一位是青年**毛泽东**（1893—1976），未来红色中国的领袖。

> 最好通过教育贫苦大众来避免血腥革命，这样他们才会认识到他们的社会责任。

> 毛并不认同这一点。

　　尽管从那时起罗素在他的余生里一直都对中国文明钦慕有加，但在看到有人麻木不仁地无视他人的痛苦时，他还是感到了震惊。

他还患上了致命的双侧肺炎，差点死在那里。

有人告我，中国人说他们会把我葬在西湖边上，还会修座庙纪念我。我有点遗憾，这一切并未发生，不然我就成神了——对于一位无神论者来说，这还挺别致的。

回到英国后不久，罗素便与艾利斯离了婚，迎娶了不自在的朵拉（她觉得嫁作人妇背叛了她的女权主义原则）。他们的第一个孩子约翰·康拉德·罗素（John Conrad Russell）于 1921 年出生，两年后，他们有了一个女儿凯特（Kate）。

失败与恢复

到 20 世纪 20 年代早期，罗素已然是一位名人了——无论作为哲学家还是时事评论员，都是如此。不过，他现在强烈地感到维特根斯坦是对的：逻辑实际上只是一种语言活动——仅仅是对"空洞的"同语反复之结构的研究。

> 逻辑不再是对关于实在之结构的深奥真理的分析，这意味着，逻辑学家探寻永恒确实之真理的活动很可能是无果之举。

数学原理？

这也清楚地表明，《数学原理》在这些批评的面前是多么地脆弱。罗素新一轮的热情投向了科学。他为普通读者写了几本关于新物理学的通俗读物，以及两本关于科学基础的严肃哲学著作 [《科学前景》(*The Scientific Outlook*)、《人类的知识：其范围和限度》(*Human Knowledge, Its Scope and Limits*)]。现在，我们必须转向这些论题。

罗素与科学

　　青年时代的罗素相信，理性和科学有望解决所有的人类问题。他看到了现代科学的巨大进步，并满怀信心地预言它很快就会"完满"。

　　通过揭示科学的基本形而上学假设，通过阐明诸如"原因""法则""物质"等重要的科学术语的意义，哲学家也可以对科学做出贡献。

新物理学

　　罗素还是一位科学书籍和文章的资深读者。他对新出现的核物理学很着迷；跟他的哲学一样，许多现代科学最终被证明是完全**违反直觉的**，对于这一事实，他感到相当地高兴。

原子物理学似乎消解了"物质"概念，使之融入了"一系列事件"这一概念，罗素抓住了这种消解概念的方式并加以利用。

罗素还确信，科学家总是要比大多数人更理性、更无私。所以，一如我们将要看到的，他渐渐相信科学家是劝说各国政府放弃核武器的最佳人选。

罗素之后的哲学和科学

自罗素以来，由**托马斯·库恩**（Thomas Kuhn, 1922—1996）和**保罗·费耶阿本德**（Paul Feyerabend, 1924—1994）领衔的科学哲学家对科学到底是什么、科学家从事的是何种活动大加怀疑。

跟罗素想的不一样，科学不完全是价值无涉的"中立"活动。

比起罗素所能容许的，今天的大多数科学哲学家更像是"相对主义者"。

他们还坚持认为，甚至就连科学家对世界的经验——无论他们的经验有多么即刻或多么直接——也总是带着"理论负载"。

我们不得不强制采用一些调解我们经验的范畴（语言的或其他方面的）。

在我们目力所及的范围内，并不存在一个纯粹的、未被染污的基准面，可以为科学知识的经验主义方案提供保障基础。其他哲学家、心理学家现在也认为传统经验主义哲学的许多核心信念是错误的。

我们对世界的经验、对它所包含的对象的经验很可能是直接的；如果这种经验有缺陷，那整个"感觉材料"学说就是某个哲学家想入非非的产物。

而且，若是有一天跨国公司控制着科学家要去研究**什么**、**哪些**研究成果会得到发表，那我们就无法分享罗素对合理性、对大多数科学家的伦理诚实的绝对信念。

毕肯山实验

　　在监狱期间，罗素读了很多关于新"行为主义"心理学的著作，他深信，如果人们愿意成长，把原始迷信和非理性的观点抛诸脑后并接纳科学的怀疑态度，那么，大多数人类问题就都可以迎刃而解。人类进步和幸福的关键一定在于如何教育孩子，也就是说，要让他们摆脱恐惧和愚蠢。因此，罗素和朵拉在萨塞克斯丘陵地（Sussex Downs）建立了著名的毕肯山（Beacon Hill）"自由学校"。

我们希望提供一套真正的现代教育，而不是训练孩子们保持传统社会的那些教条，也不是教授他们新的教条，而是帮助他们自主思考、自我管理，从而使他们能够面对不断变化的世界带来的问题。

孩子们可以选择他们想要学习的课程，参加大量有益健康的户外活动，他们受到鼓励要摒弃对裸体的拘束感，并在学术上得到启发。这所学校很快吸引了一系列来自美国的"问题儿童"，使得那里的日常生活充满了挑战。它也获得了一定的名声。一个高度不可信的故事讲到，一位萨塞克斯当地的教区牧师来拜访……

天哪！我的上帝！

上帝并不存在。

这所学校从不盈利，多年来，我得从我的基金里拿钱支持它。

我们自己的孩子不得不付同样当老师的父母，他们讨厌这项实验。

具有讽刺意味的是，罗素的孩子们带着一种孤独感成长，就像他当年在彭布鲁克·洛奇一样。

性自由——近乎性自由

  罗素震惊了当时那些相信官方道德的人。他写了一本很受欢迎的小册子，在其中，他论证到，基督教是一种基于恐惧和盲从的宗教 [《我为什么不是基督徒》（*Why I Am Not a Christian*）]。更糟糕的是，他关于性道德的观点简直离经叛道。他建议 [《我对婚姻的看法》（*My Own View of Marriage*）]，通奸不见得总是一种格外可怕或具有破坏力的行为，而且 [《婚姻与道德》（*Marriage and Morals*）] 传统的性道德常常有害于那些盲目接受它的人，没有顾及个人的幸福。罗素和朵拉致力于践行罗素所鼓吹的那些观点。朵拉似乎是一位全心全意的性先锋。

尽管如此，罗素仍然和两个孩子的几个家庭教师保持着性关系，并最终与其中的一位，比他小 40 岁的帕特丽夏·斯宾塞（Patricia Spence）结婚。后来，他与朵拉离了婚，两人闹得不可开交，至死也未和解。朵拉仍然坚持她的女权主义观点。

我是信了，只要婚姻还有其现实性，不忠行为就不可接受。

我就不明白了，只要我们乐意，只要没有经济上、情感上的奴役，我们凭什么不能上床交配。

两人共同监护他们的孩子。从那时起，罗素便通过他的律师与前妻沟通。他也对他们伟大的教育实验失去了兴趣，尽管朵拉在几年后设法让学校运转了起来。

127

罗素的政治见解

20世纪20年代到30年代这段时间里，罗素的分析哲学、数学哲学影响了整整一代青年哲学家，特别是逻辑实证主义那批人。不过，此时的罗素已经开启了他全新的职业生涯：记者、大众话题演讲人以及为一般读者撰写科普读物 [《原子论 ABC》（*ABC of Atoms*）、《相对论 ABC》（*ABC of Relativity*）] 的作家。他在美国进行了几趟辛苦的演讲之旅，并就各种社会议题——世界和平、现代战争、英国工党以及俄国——发表了意见。

我还解释了法西斯是如何侵犯个人自由的；我相信，个人自由对任何一个文明社会都不可或缺。

罗素是名老派的自由党人。

"我是说，一方面，一个人不
应受到惩罚，除非有正当的
法律程序；另一方面，应该
有这样一些领域：在这些领
域内，一个人的行为不应受
到政府的控制。"

　　在其多数政治著作中，罗
素试图找到一种方法，来调和
对某种形式的政府权威的需要
和对个人自由的更大需要。罗
素不信任任何形式的政府。他
相信，那些寻求权力掌控他人
的人往往在心理上有缺陷。罗
素也不是什么人文主义者。他
经常感到被他的人类同胞所孤
立，经常被他们愚蠢的"群氓
心态"和战争热情吓坏。但他
并未对人性彻底悲观——他认
为，大多数人都有利他潜力，
只不过社会很少承认这种能
力，也很少培育这种能力。

无政府主义者的权力观

罗素对政治社会的分析接近于许多无政府主义者的分析：无论哪种形式的政府都是邪恶的。

对权力的嗜好往往决定了个体之间的关系。政治和社会制度通常是这种嗜好的恶劣反映。

国王通过恐惧进行统治，他们很少关心大多数臣民的福利。

最终，他们的权力被形形色色的寡头集团所篡夺，例如，富有的贵族阶层、拥有土地的士绅阶层或某种形式的政治派别。

现代极权独裁政权就像宗教一样，有着一大帮无思考能力的忠诚信徒，信从于一幅声称垄断了真理的世界图景。

这使得他们无法容忍持不同意见者，对我所珍视的人类自由漠不关心。

社会主义与国家

罗素在俄国的经历使他对国家社会主义产生了深深的怀疑。不过，他也反对经济权力集中在个人、大公司或国家手中。

> 所以，我自称为社会主义者，不过，我所说的社会主义者是指认为国家权力应被削减的社会主义者。

他的解决方案取自一种英国版的无政府主义——通常也被称作"基尔特社会主义"（Guild Socialism），根据这种设想，政府部分地由工会组成。

> 工厂选举管理者，同一行业中的所有工厂再联合成一个工会，这种做法将对工作环境实施控制，并派代表进驻代表大会。

> 代表大会，连同由各个选区选出的某种形式的议会，将成为最终的主权机构。

这样一来，大多数人将享受到合理的生活水平并参与到该国政府中。权力永远不会变得过于集中。

国家主义的威胁

在他后期的政治著作中，罗素还警告说，国家主义存在着巨大的危险，因为它极有可能引发第三次世界大战，永远地摧毁西方文明。

强调对国家的奉献也许是现时代最深刻、最广泛的宗教。和古代的种种宗教一样，它要求迫害、大屠杀、骇人听闻而又英勇无畏的暴行；像它们一样，它也是高贵的、原始的、残酷的和疯狂的。

所有国家都鼓励爱国热情，使人们相信自己的国家比其他所有国家都优越。某种形式的国际主义对于文明的存活至关重要。

世界政府

罗素有许多政治迷执，其中之一便是希望世界政府对所有大规模杀伤性武器实行垄断。这样一来，其军事能力将确保它始终能强制解决国与国之间的争端。

但这如何同您早先对集权的批判取得一致呢？

我以为，要避免核大战，就不得不采取这一无情的措施。

罗素相信，要实现世界政府，唯一的途径便是某个强权，例如俄国或美国，统治世界上的其他地区。因此，罗素认为，美国应该在"二战"结束后不久以核毁灭威胁俄国——尽管他后来否认了这一点。

政治幼稚病

罗素并不仅仅在理论上研究政治。1907年，他作为妇女投票权候选人竞选议员；20世纪20年代，他又作为切尔西的工党候选人两次竞选议员，不过，他从未坚定地拥护过某一政党的观点。很快，他就对政治阴谋和肮脏妥协的常态感到沮丧。1931年，兄长弗兰克去世后，他便有资格在贵族院获得一个席位，不过，他后来的政治活动几乎都是议会外（extra-parliamentary）活动，致力于单一议题运动。

许多与罗素同时代的人认为他在政治上极为幼稚——如 G.M. 特里维廉（G. M. Trevelyan, 1876—1962）评论道……

他或许是位数学天才……但说到政治，他根本就是一个傻瓜。

不完全是傻瓜

　　事后来看，罗素确实说了些傻话，但他并不是彻头彻尾的傻瓜。他拒斥疯狂的主战论和"一战"的大规模屠杀。他批评美国参与越战，并向所有人警告核战的危险。他认为，美国将成为一个统治全世界的超级强权。

先知的盲点

当人们拒绝依从罗素的世界图景时，他常常变得极度沮丧和痛苦。经济学家 **J.M. 凯恩斯**（J. M. Keynes, 1883—1946）指出了，他这位有远见卓识的朋友所看不到的讽刺意味。

> 特别是，罗素会同时持有一对荒唐可笑、不相容的意见。他认为，人类事务是在以一种极不理性的方式进行，不过，解决办法倒也简单轻松：所要做的就是理性地经营它们。

在美国发生的丑闻

出于经济上的压力，罗素被迫接受了美国的教学职位。1938 年，66 岁的他带着年轻的妻子和新出生的孩子康拉德远赴美国。他在芝加哥和加利福尼亚大学任教，最后在纽约市立学院（the College of the City of New York）获得了教授职位。但是，纽约的主教曼宁博士（Dr. William T. Manning）和一位名叫让·凯（Jean Kay）的夫人都反对任命一个公开鼓吹无神论和通奸的人。

罗素似乎很喜欢整场风波，尤其是因为他被指控犯了与古希腊哲学家**苏格拉底**（约公元前469—前399年）完全一样的罪行，后者因这些指控被判处死刑，死在了雅典。

后来，罗素去了费城，在离经叛道的"巴恩斯基金会"（Barnes Foundation）工作，起初还较为顺利。乐善好施的大富翁巴恩斯延请罗素做了一系列关于西方哲学史的讲座。罗素后来把这些讲座变成了他最畅销的书，这本书为他的余生提供了经济保障。但是，巴恩斯和他也开始出现了分歧。罗素又逃回了三一学院，在那里取得了研究员的职位。罗素"邪恶的无神论"的确让许多人感到震惊。那么，他对宗教持有什么样的看法呢？

罗素与宗教

　　罗素在很小的时候就失去了基督教信仰，但他经常承认自己有着神秘的精神渴求。他与他人的情感关系经常令人失望，但他一生的大部分时间都在寻求情感上的满足和友谊。罗素还声称，他在 1901 年 2 月 10 日有一段个人顿悟。在看到伊夫琳·怀特海（Evelyn Whitehead）——其合作者怀特海的妻子——痛苦万分之后，他突然间意识到……

来自人类灵魂的孤独是无法忍受的；没有什么能刺穿它，除了那种宗教导师在布道时所说的爱，那种具有至高强度的爱……由此可知，战争是错误的。

1923 年时，他写了《一位自由之人的崇拜》（A Free Man's Worship）一文——某种不可知论的福音书。这是一篇感触深刻、充满诗意的散文，开篇就哀叹宇宙和人类生命注定要走向灭亡。他认为，如果人类需要**某种东西**来崇拜，那他们应该颂扬善好而不是权力。

罗素给我写了超过 2000 份的信，在这些信里，他试图阐明他对自己的宗教情感的态度。

"在所有伟大的事物中，我确实感觉到了某种共同的东西……它非常神秘，我真的不知道该怎么去思考……但我觉得，它是这世间最重要的东西，真正说来，是唯一要紧的东西。它有许多表现形式……爱……以及真理……"

上帝之存在：无法证明其为真或证明其为假

罗素并没有失去对基督教的信仰，但他早就不信上帝了。

所以说，人类的行为是重要的——因为上帝本来就不存在……我所需要的力量一定得自我自己，或者得自听取我劝告的那些人。

他写了几本书，其中表达了强烈的反宗教情绪[《我为什么不是一位基督徒》（*Why I am Not a Christian*）、《神秘主义与逻辑》（*Mysticism and Logic*）]。他出于理智而反对宗教：关于上帝之存在，所有传统哲学中的"证明"都不能让人信服。然而，出于一致性，他仍是一个不可知论者，这主要是因为他承认他永远不能明确地**否证**（disprove）上帝之存在。

在《我信仰什么》（*What I Believe*）一书中，罗素还认为永生根本不可能。

他反对以道德作为基础的正统宗教。教会有一项不可原谅的历史记录：禁止自由探究。它抑制了社会变革，阻碍了知识的进步和获取。"*1835 年之前，所有宣扬地球围绕太阳运行的著作都在禁书的名单上。*"

基督教之敌

纵观其一生，罗素一直对各种有组织的宗教持批评态度，他很是享受在他的许多书籍和文章中调侃基督徒，而且常常有失公正。

基督教，由教会组织起来的基督教，一直且仍然是世间道德进步的主要敌人。

我把宗教看成因恐惧而生的疾病、人类所受无可估量之痛苦的根源。基督教与其他宗教的区别在于，它更倾向于迫害异见分子。

核时代的罗素

　　罗素的晚年基本无涉哲学。他写了大量的新闻稿，到此时，他已是英国广播公司的一名广受欢迎的广播员。在美国期间，罗素并没有反对第二次世界大战。

我仍然是一名和平主义者，这是说，我认为和平是这世上最重要的事情。但我不认为，希特勒张狂之际这世间会有任何的和平，因此，我完全有理由觉得，他的失败，如果可能的话，必然是好事开了个头。

但是，1945年8月6日，美国在日本广岛投下了第一颗原子弹。罗素是最先认识到其意义的人之一。所谓的冷战已然成为现实，许多人认为美苏之间的核战争不可避免。罗素对斯大林政权没有任何幻想，他轻率地表示，如果美国赶在苏联成为核大国之前就与其开战，这或许是件好事。

核毁灭的危险

1949 年时，苏联引爆了自己的原子弹。接着是朝鲜战争（1950—1953）：美国指挥下的 16 个联合国成员国向朝鲜和中国军队开战。这场冲突催生了美国参议员乔·麦卡锡（Joe McCarthy）的反共政治迫害行动。罗素相当真诚地相信第三次世界大战已是板上钉钉。

他奔赴美国就麦卡锡主义对整个国家的影响发出警告：如果美国压制言论自由，它将不再是民主的捍卫者。

诺贝尔奖

1950 年，罗素荣获诺贝尔奖——并不是因为他早年的数学哲学，而是因为他的文学作品——"以表彰他为捍卫人道主义理想和思想自由写下的丰富而重要的著作"。在获奖演讲上，罗素提醒听众注意人类原始兽群本能带来的危险。

帕格瓦什和核裁军运动

　　警告人类核战争的危险占据了罗素的余生。他致信爱因斯坦和其他诺奖得主寻求支持。他成为了著名的"帕格瓦什"（Pugwash）会议的主席，这次会议将冷战"铁幕"双方的科学家聚在一起，讨论核毁灭的危险。

帕格瓦什会议获得了 1995 年的诺贝尔和平奖。

接着，核裁军运动（the Campaign for Nuclear Disarmament, CND）于 1958 年在英国成立，罗素担任其主席。

罗素为这场运动撰写了一些助力小册子，例如，《常识与核战争》（*Common Sense and Nuclear Warfare*）、《人类有未来吗？》（*Has Man a Future?*）。

百人委员会

备受争议的人物**拉尔夫·舍恩曼**（Ralph Schoenman）此时进入了罗素的生活。舍恩曼是一名美国学生，他想让核裁军运动成为一场更为激进的政治运动。

1961 年，罗素再次成为他们的主席，并参加了英国国防部外著名的静坐抗议活动。

在电视上，罗素解释了他们为什么会出现在那儿。

如果西方各国当前的政策继续下去，整个人类就将遭到灭顶之灾，我们当中的一些人认为这实在可惜。

　　罗素写了许多号召英国在冷战时期保持中立的小册子和文章，最后因"煽动破坏和平"再度短暂入狱。**休·盖茨基尔**（Hugh Gaitskill，1906—1963）领导的工党于1960年拒绝了单方面裁军，至此和平运动渐失声势。

舍恩曼与先知

舍恩曼搬进了罗素的家里，成了罗素的秘书。他被罗素视如己出。有大量证据表明，舍恩曼为了在政治上利用罗素而讨好他。

罗素和舍恩曼越来越多地卷入到了第三世界的政治活动。

他们支持 1959 年的古巴革命，并于 1962 年古巴导弹危机期间给世界领导人写信。

舍恩曼似乎把罗素从一个高高在上的中立位置推到了与第三世界国家结盟以对抗美国之影响的位置上。随之而来的还有进一步的干预措施，例如，他们在中印边境争端和越南战争中的介入。

伯特兰·罗素和平基金会（The Bertrand Russell Peace Foundation）为促进世界和平而设立。如罗素和舍恩曼所见，阻碍世界和平的障碍是美国的世界帝国主义——只有世界各地的游击运动才能与之对抗。

在1966年，我宣布成立了国际战争罪行仲裁法庭……

此法庭为调查美国在越南的暴行而设立。

在这段时间里，舍恩曼以罗素的名义四处游走，与世界各国领导人会晤，并向他们灌输他和罗素的观点。最终，他于 1968 年被逐回美国，罗素的新婚妻子伊迪丝（Edith）设法说服这位 97 岁的先知相信，舍恩曼不再值得支持。

毒蛇

人们普遍认为，舍恩曼是罗素家的一条"毒蛇"：他像是善使催眠术的斯文加利，操纵天真的罗素伸张极端左翼的政治观点，而这些观点实际上是舍恩曼本人的观点。不过，事情的真相可能更为复杂。罗素长期以来看不上西方政府，他自己的声明常常是激进的、无政府主义的。

在舍恩曼看来，罗素似乎非常满足于起草宣言并以个人名义发表各种政治小册子——当受到挑战时，他也乐意为之辩护。

说到底，他的生活必然是一个有其隐私的个人的生活，因此，他满足于舍恩曼在世界舞台上持续展现他作为公众人物的存在。毫无疑问，罗素享受舍恩曼的赞歌，也享受他名满天下的影响力。从某种意义上说，真正无辜的人是舍恩曼本人：他深信罗素的神话——一位"世界级的国际政务人士"；在几次前往第三世界国家"布道"的活动中，他有时表现得就像是十足的白痴。

他俩散伙后，罗素深受打击，对他来说，这无疑是一场悲剧。

我像是失去了第三个"儿子"。

最后的时光

罗素的孩子们此时已经长大成人。女儿凯特远嫁美国。二儿子康拉德献身学术，即将成为一名有所成就的历史学家。罗素和帕特丽夏分居了。他花了很多的时间试图帮助大儿子约翰：约翰夹在他和朵拉两家之间，摇摆不定，并最终被诊断为精神分裂。

1952 年，罗素与认识了好几年的美国学者伊迪丝·芬奇（Edith Finch）结婚。就在这时，他完成了他的《自传》（*Autobiography*），他坚决要求这本自传在他死后才能出版。

1953 年，罗素的家族史再度重演。

伊迪丝和我不得不在北威尔士最后的家中照看、抚养我们的孙子、孙女。

其中两个也有精神问题。露西于 1975 年自杀。

生命的终点

　　罗素活到了很大的岁数。他的公众角色仍在就世界事务发表国际公认的声明，但私下里，他的听力变得越来越差，不总能跟上别人的谈话。他很清楚自己的身体不行了。

我恨离开这个世界。

　　他最终于 1968 年与二儿子康拉德达成和解，但却从未与大儿子约翰和解。罗素于 1970 年 2 月 2 日死于支气管炎，其骨灰播撒在威尔士的群山之中。

对罗素的工作的评价

罗素出版了大量的哲学著作，其中的一些，例如，逻辑原子主义和中立一元论，已不再有很大的影响力。不过，毫无疑问，他的著作彻底改变了西方哲学的方向和主题。

《数学原理》试图根据若干逻辑基本法则来重新定义数学的基础原理。

人们或许对这幅宏伟蓝图认识有误，而它或许是一次伟大的失败……

它有助于现代逻辑学成为一件强大的分析工具，一如它今天之所是。

阿尔弗雷德·塔斯基

蒯因

索尔·克里普克

阿尔弗雷德·塔斯基（Alfred Tarski，1902—1983）等现代逻辑学家极大地受惠于罗素和怀特海的开创性工作，许多现代哲学家，比如**蒯因**（W. V. O. Quine，1908—2000）、**索尔·克里普克**（Saul Kripke，生于1940年）、**唐纳德·戴维森**（Donald Davidson，1917—2003）和**迈克尔·达米特**（Michael Dummett，1925—2011），都将逻辑作为他们的核心哲学问题之一。

哲学后裔

罗素部分地、无意间地催生了好几个新的哲学学派。其中之一是逻辑实证主义。这一群体 [维也纳学圈（the Vienna Circle）] 接受了他彻底的经验主义方案、他对科学的倡导以及对逻辑分析之力量的信念，试图从日常语言带来的困惑中理出真正的"逻辑形式"。

借助这些工具，我们发展出了一套全新的意义理论：**证实主义**（verificationism）。

莫里茨·石里克
（Moritz Schlick,
1882—1936）

鲁道夫·卡尔纳普
（Rudolf Carnap,
1891—1970）

弗里德里希·魏斯曼
（Friedrich Waismann,
1896—1959）

所有有意义的命题，也就是说，所有**可证实**的命题（除了数学命题和逻辑命题）必定明确地指称感觉材料，或在某种意义上是经验可测试的。

对于凡是不可证实的，例如，许多形而上学玄思，我们都可轻蔑地视之为"胡说八道"而不予考虑。

在《语言、真理和逻辑》（*Language, Truth and Logic*, 1936）一书中，英国哲学家 **A.J. 艾耶尔**（A. J. Ayer，1910—1989）从奥地利引进了这一学说，它对英国哲学产生了巨大的影响。然而，逻辑实证主义者很快就发现，"证实原理"本身像许多前沿物理学中的原理一样不可测试。

这样一种语言将是非推理性的语言，它会为科学观察和科学方法带来一种崭新的严密性。但是，还尚未有过任何令人信服的尝试来设计这样一种语言，现如今，很少有科学家相信它会非常有用。

语言分析学派

罗素的早期著作同样影响了"分析"学派或"语言"学派,直到最近,这一学派才定义了哲学活动的意义,即"对思考进行思考"。

吉尔伯特·赖尔(Gilbert Ryle, 1900—1976)

罗素的文章《论指称》以及"摹状词理论"使我们中的一些人相信,哲学的首要职能是对**概念**进行剖解和分析,而不是搞形而上学玄思。

战后的多年间,许多英美哲学家就是在从事这一工作。

J.L. 奥斯汀(J. L. Austin, 1911—1960)

概念分析或语言分析同样受到了后期维特根斯坦的著作的激励。

P.F. 斯特劳森(P. F. Strawson, 1919—2006)

吉尔伯特·赖尔、**J.L. 奥斯汀**、**P.F. 斯特劳森**等"牛津学派"哲学家坚持认为，这差不多就是留给哲学要去做的。大多数哲学"问题"都是一种幻觉：通过切近分析先前的哲学家如何误用语言并被误导犯下"范畴错误"（category mistake），可以有效地"消解"这些问题。

哲学的深层目标

因其彻底的经验主义方法以及对逻辑分析的信念，罗素赞赏逻辑实证主义的改革方案。但他绝不能接受哲学仅仅是语言分析的观点。所以，他认为维特根斯坦后期的大量哲学本质上"细琐不足道"。在罗素看来，分析只是一种达致更高目的的手段。

要彻底领会我们关于实在的所言所说以及事物的存在方式，就少不了要做出澄清。

但是，就其本身而论，语言分析从来不应该是目的，这就好比谁也不会没完没了地打磨从来都用不上的工具。

对于罗素来说，哲学向来是一种用意严肃的活动：一种理解现实和我们自身之真正本质的尝试。他坚持认为，还有许多重要的哲学问题有待回答，如果你愿意付出足够的努力去解决这些问题，它们的答案就会被发现。

经验主义的失败

罗素因不断修正他的早期作品而闻名。其中一个显而易见的原因是，他试图使经验主义成为诸多意义理论和形而上学理论的唯一基础——现在看来，这是一项完全不合适的任务。这也有助于解释他的许多"纯"哲学著作为什么难以阅读。

它们是一些缜密的努力，试图表明经验主义的方案**如何**可以被迫完成这些任务。

罗素相信我们有可能确立可以予以证明、没有怀疑之余地的知识，或许，他是持有这种信念的最后一位大哲学家。但他失败了。

今天，大多数现代哲学家会说，罗素给自己定下了本就不可能完成的任务——因此，他们很乐意把自己的研究限定在语言和意义上，这些研究已经够多了。在 1948 年出版的《人类的知识：其范围和限度》一书中，罗素终于伤心地同意，很可能并没有确定的知识这回事。

　　然而，罗素还是发现了弗雷格的工作，并帮助所有的英语哲学家注意到了这一工作。他提携了维特根斯坦。他是维也纳学圈的奠基者，也是分析哲学的教父——尽管他本人并不愿承认这一点，直到今天，大部分的英国大学里仍在教授分析哲学。他坚持哲学和科学对于彼此的重要性。他革新了逻辑以及我们对数学的理解。而且，罗素是这个现代计算机时代的创始人之一，尽管他可能从未意识到这一点。

罗素：智性偶像

罗素是天真的英国版**伏尔泰**（Voltaire，1694—1778）：一位充满激情的理性主义者，他对他所看到的所有非理性的信念和不必要的残忍感到愤怒。罗素是一个非比寻常的英国现象：一位知识分子，他发表了诸多关于当代生活和当下事务的声明，普通人满怀敬意地聆听这些声明（而政府则感到十分头疼）。依大众的想象，他智力超群，因此有权发声，有权被倾听——即使大多数政治和社会问题不太顺从他的逻辑分析。在他生命的最后阶段，罗素成为年轻人的偶像。他们阅读他的平民主义书籍，听他的广播，看他的电视节目。罗素为未来的抗议活动定下基调，鼓励年轻人挑战根深蒂固的政治、社会意识形态。他蔑视权威，鼓励大家分享他对传统政治以及政治家的不信任。单就这一点而言，许多人将永远抱有感激之情。

"我会说，通往自由、幸福之人类世界的道路要比实际表现出的更短……尽管如此，（我们中的）许多人仍要共同追求一个愿景，一个既是个人的又是社会的愿景。个人的，是说要关心高尚的、美好的、和善的事物；要让识见时刻在世俗时代带来智慧。社会的，是说要凭借想象力看到那个即将创生的社会，在那里，个人自由成长；在那里，仇恨、贪婪和妒忌消亡，因为没有什么可以滋长它们。"

进阶阅读

罗素的著作卷帙浩繁，包括大量的书籍、小册子、文章以及信件。他所有的政治哲学、社会哲学都以一种直抒胸臆的散文风格一气呵成。他大多数的学术作品则晦涩难懂。直到今天，他的几乎所有重要的著作仍在出版。我们不可能列出所有东西，不过，下边会给出在本书中提到的所有著作。

1903 *The Principles of Mathematics* (Routledge，1992)

1910—1913 *Principia Mathematica* (Cambridge University Press, 1927; Abridged Vol. I: Principia Mathematica to *56, Cambridge University Press, 1997)

就连该书的共同作者怀特海也向罗素坦承，读《数学原理》的时候，他"一头雾水，不知道你在干吗"。因此，对于所有那些试图阅读这座哲学丰碑的人，我们只能说："祝你好运！"

1912 *The Problems of Philosophy* (Oxford University Press, 2001)

1914 *Our Knowledge of the External World* (Routledge, 1993)

1915 *The Ethics of War* (*International Journal of Ethics*, Vol. 25, Jan 1915, pp. 127—142)

1918 *Roads to Freedom* (Routledge, 1996)

1918 *The Philosophy of Logical Atomism* (Open Court Publishing Group, 1985)

1918 *Mysticism and Logic* (Routledge, 1986)

1921 *The Analysis of Mind* (Routledge, 1989)

1923 *A Free Man's Worship* (Routledge, 1986)

1923 *The ABC of Atoms* (Kegan Paul, 1923)

1925 *What I Believe* (Kegan Paul, 1925; repr. in *Why I Am Not a Christian, and Other Essays on Religion and Related Subjects*, Simon & Schuster, 1967)

1925 *The ABC of Relativity* (Routledge, 1997)

1926 *On Education* (Routledge, 1985)

1927 *The Analysis of Matter* (Routledge, 1992)

1927 *Why I Am Not a Christian* (Routledge, 1975)

1928 *My Own View of Marriage* (*Outlook*, Vol. 148, 7 Mar 1928, pp. 376–377)

1929 *Marriage and Morals* (Routledge, 1985)

1931 *The Scientific Outlook* (Routledge, 2001)

1945 *A History of Western Philosophy* (Routledge, 2000)

1948 *Human Knowledge: Its Scope and Limits* (Routledge, 1992)

1955 *Why I Took to Philosophy* (Radio talk, reprinted in *Basic Writings*)

1959 *My Philosophical Development* (Routledge, 1985)

1959 *Common Sense and Nuclear Warfare* (Routledge, 2001)

1961 *Has Man a Future?* (Spokesman Books, 2001)

1967, 1968, 1969 *The Autobiography of Bertrand Russell* (Routledge, 2001)

罗素最有名的文章大都可以在下列文集中找到：

Sceptical Essays (Routledge, 1985)

In Praise of Idleness (Routledge, 1984)

The Basic Writings of Bertrand Russell, 1903— 1959 (Routledge, 1992)

The Selected Letters of Bertrand Russell: The Public Years, 1914— 1970 (Routledge, 2001)

罗素将他几乎全部的手稿卖给了多伦多的麦克马斯特大学（MacMaster University），他们正在制作一套多卷本的《伯特兰·罗素文选》（*The Collected Papers of Bertrand Russell*），其中囊括了罗素几乎所有的小书。

罗素大量的小书，包括著名的《论指称》，也都可以在网上找到（麦克马斯特大学的网上资源可能是个不错的开始；网址：www.mcmaster.ca/russdocs/russell1.htm。)

毫不奇怪，有大量撰写罗素本人的书籍：

Bertrand Russell, the Passionate Skeptic, by Alan Wood (Simon & Schuster, 1958).

该书热情洋溢地详述了罗素的一生，虽然不可避免地不够全面。

瑞·蒙克（Ray Monk）两卷本的《伯特兰·罗素》（*Bertrand Russell*），分别名为《孤独的灵魂：1872—1921》（*The Spirit of Solitude*, 1872-1921）与《疯癫的幽灵：1921—1970》（*The Ghost of Madness*, 1921-1970）（Vintage, 1997, 2000）。此两卷是最详尽的罗素传记。卷一的研究很棒，对传主也抱有同情。不寻常的是，蒙克不仅试图解释罗素的哲学发展，而且试图勾画他异常复杂的生活。这意味着，他要勇敢地向广大读者解释《数学原理》纷繁复杂的细节，出于此，我们应该大大地感谢作者。卷二泥陷于罗素（大多是灾难性）的家庭生活的可怕细节，作者似乎对罗素的大部分政治新闻都缺乏耐心。不管怎么说，两卷书都非常出色。

论述罗素哲学的著作自然不总是容易读：

Bertrand Russell, by John Watling (Oliver and Boyd, 1970)

此书对初学者还算友好。

Russell, by A.J. Ayer (University of Chicago Press, 1972)

作者同为经验主义者，对罗素的哲学给予了同情性的解释，但不总是容易阅读。

Russell's Theory of Knowledge, by Elizabeth Eames (Routledge, 1992)

有帮助，但也不容易读。

Bertrand Russell and the British Tradition in Philosophy, by D.E. Pears (Random House, 1967)

该书为罗素的逻辑原子主义提供了更为细致的解释，并指出它受惠于休谟和维特根斯坦的著作。

其他一些本书作者认为有帮助的书：

Why Does Language Matter to Philosophy?, by Ian Hacking (Cambridge University Press, 1975)

该书细致探讨了罗素的意义的原子主义理论

Theories of the Mind, by Stephen Priest (Penguin, 1991)

该书检视了罗素的心灵哲学。

Pi in the Sky, by John D. Barrow (Clarendon Press, 1992)

该书描述并评价了罗素将数学还原为逻辑的符号逻辑主义抱负。

任何关于罗素的书不可避免地要提到至少两本关于维特根斯坦的书，而后者的哲学常常是就罗素本人的哲学做出的一系列机敏的反驳：

Ludwig Wittgenstein, by David Pears (Harvard University Press, 1986)

Introducing Wittgenstein, by John Heaton and Judy Groves (Icon Books, 1999)

致谢

作者要感谢理查德·阿皮格纳内西（Richard Appignanesi），他将一本笨拙的手稿编辑得精妙和优雅；作者对插图师朱迪·格罗夫斯（Judy Groves）的才智和技巧印象深刻，她使这本书对读者的威慑力比原本小了很多。作者还感谢他的伴侣朱迪思（Judith），她花费了很多快乐的时光耐心地听他大半夜没完没了地讲述逻辑原子主义，还没有提出离婚。

插图师要感谢大卫·金（David King），感谢从他的收藏中借来的照片；感谢大卫·罗宾逊（David Robinson）在图片搜索方面提供的帮助。最后还要感谢艾米·格罗夫斯（Amy Groves）。

索引